新 디자인보호법

新 디자인보호법

조재신 · 송요순 공저

Design Protection Act

■ 머리말

인간의 발명품에 대하여 일정한 기간 동안 독점배타적인 권리를 부여해주어 더 많은 발명을 유도하자는 인식이 기원전 그리스에서부터 있어왔다. 15세기에 이르러 베니스 공화국에 의해 성문특허법으로 제정되어 새로운 기계에 대하여 10년 동안 타인의 제작을 금지하게 되었다. 이후 영국에서 근대성문법으로 제정되면서 세계 대부분의 국가들이 특허법을 제정하여 특허에 대한 독점권을 부여하고 20년 동안 보호하고 있다.

최근 기업들이 기술의 혁신과 발전보다 특허를 무기삼아 시장에서 경쟁기업을 압박하고 있다. 이른바 NPE(Non-Practicing Entities) 또는 특허괴물(Patent Troll)들의 등장이다. NPE는 미국이 프로 특허(Pro-Patent) 정책으로 특허권을 강력하게 보호하기 시작하면서부터 출현이 급증하기 시작하였으며, 현재 수백 개의 NPE들이 우후죽순처럼 번지며 활동하고 있다. 2012년 애플이 NPE에 의하여 가장 많은 특허소송 제기를 당하였고, 이어 삼성이 2위를 차지하고 있다. NPE는 소송상대로 중소기업에서 대기업까지 가리지 않고 있으며, 현재 NPE로부터 침해 경고장을 받았거나 소송을 당한 기업은 10만개 이상이다. 스마트폰 시장에서 삼성과 애플이 링 위에서 챔피언과 도전자로 다투는 가운데 시장점유에 어려워진 노키아는 스마트폰 제조업에서 손을 떼고 NPE로 변신하였다. 또한 애플은 노텔의 특허를 인수하여 NPE인 '록스타비드코'를 설립하였다. 폴라로이드 vs 코닥의 특허전쟁 이후 애플 vs 삼성의 특허분쟁이 세계지식재산권전쟁으로 확산되면서 다시 한번 지식재산경영의 중요성이 부각되었다. 이러한 지식재산권 전쟁을 통하여 특허, 브랜드, 디자인이라는 지식재산권은 비즈니스 세계에서 없어서는 안 될 요소라는 것을 기업경영에서 뼈저리게 느끼게 되었다.

이 책에서는 디자인권에 대한 폭넓은 이해 및 권리취득을 위한 방법을 구체적으로 설명한다. 지식재산권의 개념과 내용, 활용영역 등에 대한 지식과 정보를 이해하고 응용할 수 있는 능력을 키울 수 있도록 다루고 있다. 또한 2014년 전면 개정 디자인보호법에 대한 내용 및 그 의의도 특별히 다루고 있다.

본서가 나오기까지 집필에 몰두할 수 있도록 언제나 QT(Quiet Time)와 기도로 가정을 행복하게 지키는 아내 루디아와, 원고를 집필할 수 있도록 물심양면으로 도움을 준 전남대학교 연구처, 지식재산선도사업단 송요순 단장님, 원고 수정으로 수고해 주신 마로니에 관계자께 깊은 감사의 마음을 전합니다.

"너는 마음을 다하여 여호와를 신뢰하고 네 명철을 의지하지 말라.
너는 범사에 그를 인정하라.
그리하면 네 길을 지도하시리라."
(잠언 3:5-8)

新디자인보호법

CONTENTS

제 4 장 디자인 등록출원 ___ 111

제1장 개 요

01

개 요

고대에는 인구와 노동력에 의한 지배사회였으며, 중세~근대에는 영토와 식민지에 의하여, 19~20세기에는 산업전쟁 시대로서 유형자산이 주도하는 사회였다. 그러한 유형자산의 가치가 현대에는 눈에 보이지도 않고 손에 잡히지도 않는 무형자산, 즉, 정보와 통신, 생명공학, 지식재산(특허, 실용신안, 상표, 디자인, 저작권 등)으로 이동하였다. 미래는 무형자산에 의하여 경쟁력이 확보되는 사회이다. 유형자산 대 무형자산의 비율이 1985년에는 68:32였으나, 1995년에는 32:68로 역전되었으며, 2005년에는 20:80으로 무형자산의 비중이 급증하게 되었다.[1] 무형자산인 고객관계, 인적자원, 조직역량, 지식재산 중 지식재산이 차지하는 비중은 1985년에는 고객관계(45%) > 조직역량(30%) > 인적자원(15%) > 지식재산(10%)를 차지하였으나, 2005년에는 지식재산(40%) > 고객관계(30%) > 인적자원(15%) > 조직역량(5%)으로

1 Ned Davis Research, 2008.

변하여 지식재산이 얼마나 중요한 지를 보여주고 있다.[2]

디자인보호법에서 "디자인"이란 물품(물품의 부분 및 글자체를 포함)의 형상·모양·색채 또는 이들을 결합한 것으로서 시각을 통하여 미감(美感)을 일으키게 하는 것을 말하며, "글자체"란 기록이나 표시 또는 인쇄 등에 사용하기 위하여 공통적인 특징을 가진 형태로 만들어진 한 벌의 글자꼴(숫자, 문장부호 및 기호 등의 형태를 포함한다)을 말한다고 규정하고 있다. 디자인보호법의 목적은 디자인의 보호와 이용을 도모함으로써 디자인의 창작을 장려하여 산업발전에 이바지함을 목적으로 한다.

표 1-1. 지식재산권의 분류[3]

종류	권리	정의
산업재산권법	특허	자연법칙을 이용한 기술적 사상의 창작으로서 고도한 발명에 대하여 부여
	실용신안	물품의 형상·구조·조합에 관한 고안에 대하여 부여
	디자인	물품(물품의 부분 및 글자체를 포함)의 형상·모양·색채 또는 이들을 결합한 것으로서 시각을 통하여 미감(美感)을 일으키게 하는 것에 대하여 부여
	상표	자기의 상품과 타인의 상품을 식별하기 위하여 사용하는 표장(標章)에 부여

2 The Strategy-focused Organization(Robert S. Kaplan, David P. Norton 저) Harvard Business School Press. 2000.

3 산업재산권법과 부정경쟁방지 및 영업비밀보호에 관한 법률은 특허청에서, 저작권법은 문화체육관광부에서 주관하고 있다. 신지식재산권은 법률적으로 명확하게 구분되어 있는 것이 아니며, 강학상 분류하고 있다.

종류	권리	정의
부정경쟁방지 및 영업비밀 보호에 관한 법률	부정경쟁방지	국내에 널리 알려진 타인의 상표·상호(商號) 등을 부정하게 사용하는 등의 부정경쟁행위와 타인의 영업비밀을 침해하는 행위를 방지하여 건전한 거래질서를 유지기 위함
	영업비밀	공공연히 알려져 있지 않고 독립된 경제적 가치를 가지는 것으로서, 상당한 노력에 의하여 비밀로 유지된 생산방법, 판매방법, 그 밖에 영업활동에 유용한 기술상 또는 경영상의 정보를 보호
저작권법	저작권	인간의 지적능력을 통해 창작한 미술, 음악, 영화, 만화, 캐릭터, 건축설계, 시, 소설, 소프트웨어, 게임 등과 같은 창작물에 부여
신지식재산	신지식재산권	신품종, 생물자원, 전통지식, 전통문화표현물 등의 지식재산에 대해 부여

1.1. 지식재산기본법과의 관계

"지식재산"이란 인간의 창조적 활동 또는 경험 등에 의하여 창출되거나 발견된 지식·정보·기술, 사상이나 감정의 표현, 영업이나 물건의 표시, 생물의 품종이나 유전자원(遺傳資源), 그 밖에 무형적인 것으로서 재산적 가치가 실현될 수 있는 것을 말하고, "신지식재산"이란 경제·사회 또는 문화의 변화나 과학기술의 발전에 따라 새로운 분야에서 출현하는 지식재산을 말한다.

2011년 제정된 지식재산기본법[4]은 지식재산의 '창출', '보호'

및 '활용'을 촉진하고 그 기반을 조성하기 위한 정부의 기본 정책과 추진 체계를 마련하여 우리 사회에서 지식재산의 가치가 최대한 발휘될 수 있도록 함으로써 국가의 경제·사회 및 문화 등의 발전과 국민의 삶의 질 향상에 이바지하는 것을 목적으로 하고 있다. 지식재산의 창출·보호 및 활용의 촉진을 위하여 지식재산과 관련되는 다른 법률을 제정하거나 개정하는 경우에는 지식재산기본법의 목적과 기본이념에 맞도록 하여야 한다. 따라서 디자인보호법을 개정하는 경우 지식재산기본법의 목적과 기본이념에 맞도록 하여야 한다.

이 법에 따라 과거 "지적재산권"이라고 하던 용어는 모두 "지식재산권"으로 순화하여 사용하게 되었으며, 정부는 지식재산 관련 정책을 다음과 같은 기본이념에 따라 추진하여야 한다.

① (지식재산의 창출) 저작자, 발명가, 과학기술자 및 예술가 등 지식재산 창출자가 창의적이고 안정적으로 활동할 수 있도록 함으로써 우수한 지식재산의 창출을 촉진한다.

② (지식재산의 활용) 지식재산을 효과적이고 안정적으로 보호하고, 그 활용을 촉진하는 동시에 합리적이고 공정한 이용을 도모한다.

③ (지식재산 사회환경 조성 및 인재육성) 지식재산이 존중되는 사회환경을 조성하고 전문인력과 관련 산업을 육성함으로써 지식재산의 창출·보호 및 활용을 촉진하기 위한 기반

[4] 시행 2011.7.20. 법률 제10629호, 2011.5.19., 제정.

을 마련한다.

④ (국제제사회 공동발전 기여) 지식재산에 관한 국내규범과 국제규범 간의 조화를 도모하고 개발도상국의 지식재산 역량 강화를 지원함으로써 국제사회의 공동 발전에 기여한다.

1.2. 다른 산업재산권법과의 관계

발명진흥법은 발명을 장려하고 발명의 신속하고 효율적인 권리화와 사업화를 촉진함으로써 산업의 기술 경쟁력을 높이고 나아가 국민경제 발전에 이바지함을 목적으로 하고 있다. 발명진흥법 제2조에서 산업재산권을 「특허법」·「실용신안법」·「디자인보호법」 또는 「상표법」에 따라 등록된 특허권, 실용신안권, 디자인권 및 상표권을 말한다고 정의하고 있다. 이에 따라 특허법, 실용신안법, 상표법, 디자인보호법 4법을 총괄하여 산업재산권법이라 한다. 하나의 상품을 제조할 경우, 기술적 사상에 대하여는 특허(또는 실용신안), 외관 형태에 대하여는 디자인, 제품명에 대하여는 상표로 출원하여 산업재산권으로 보호를 받을 수 있다. 일괄심사제도는 하나의 제품에 관련된 복수의 특허 · 상표 · 디자인을 대상으로 원하는 시점에 일괄하여 심사받아 제품 출시에 맞춰 지식재산권을 확보할 수 있는 제도로서, 특허에서 상표, 디자인까지 한꺼번에 심사 결과를 받을 수 있게 되어, 창조경제의 핵심기반인 융·복합 기술의 지식재산권을 일괄하여 확보할 수 있다.

산업재산권 개념도

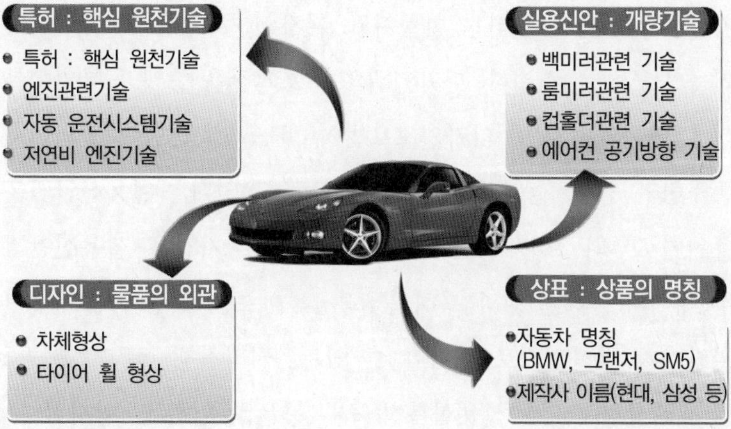

1) 특허법 및 실용신안법과의 관계

특허법은 발명을 보호·장려하고 그 이용을 도모함으로써 기술의 발전을 촉진하여 산업발전에 이바지함을 목적으로 하며, "발명"이란 자연법칙을 이용한 기술적 사상의 창작으로서 고도(高度)한 것을 말한다.

실용신안법은 실용적인 고안을 보호·장려하고 그 이용을 도모함으로써 기술의 발전을 촉진하여 산업발전에 이바지함을 목적으로 하며, "고안"이란 자연법칙을 이용한 기술적 사상의 창작을 말한다.

특허법에서 보호대상인 '발명'과, 실용신안에서 보호대상인 '고안'은 모두 자연법칙을 이용한 기술적 창작으로서 디자인보호법에서 보호대상인 물품(물품의 부분 및 글자체를 포함)의 형상·

모양·색채 또는 이들을 결합한 것으로서 시각을 통하여 미감을 일으키게 하는 것과는 차이가 있다. 즉, 특허법과 실용신안법은 기술적 사상을 보호하는 법률이고, 디자인보호법은 물품의 디자인을 보호하는 것이다. 디자인권의 보호기간은 종래 등록일로부터 15년이었던 것이 디자인보호법이 2014.7월 전면 개정되면서 특허법과 같이 출원일로부터 20년으로 되었다.[5] 실용신안권은 출원일로부터 10년이므로 디자인권의 보호기간은 실용신안의 두 배이다. 디자인권과 특허권(실용신안권 포함)의 침해에 대하여 권리자가 민사적으로 행사할 수 있는 '권리침해 금지 청구권', '손해배상청구권', '신용회복청구권' 등은 동일하고, 형사적 구제도 '7년 이하 징역 또는 1억원 이하의 벌금'으로 동일하며, 친고죄라는 점도 동일하다.

한편, 동일물품에 대하여 특허(또는 실용신안)와 디자인으로 모두 출원하여 등록받을 수 있다. 즉, 디자인권만으로 보호를 받는 경우 외관형태의 모양을 약간만 변형하더라도 권리보호를 받기 어려우므로, 기술적인 사상에 대하여는 특허로 보호를 받는 것이 유리하다. 따라서 기술적 사상은 특허로 보호를 받고, 외관형

5 특허권의 보호기간은 때로는 특허권 존속기간의 연장제도에 의하여 20년 이상이 될 수도 있다.
특허법 제89조(허가등에 따른 특허권의 존속기간의 연장)와 제92조의2(등록지연에 따른 특허권의 존속기간의 연장)에서는 특허발명을 실시하기 위하여 약사법 및 농약관리법에 따라 허가를 받거나 등록 등을 하여야 하고, 그 허가 또는 등록 등을 위하여 필요한 유효성·안전성 등의 시험으로 인하여 장기간이 소요되는 발명인 경우 그 실시할 수 없었던 기간에 대하여 5년의 기간까지 그 특허권의 존속기간을 한 차례만 연장할 수 있다.

태에 대하여는 디자인권으로 보호를 받아 권리를 행사하는 것이 바람직하다.

- 특허권과 함께 디자인권으로도 보호 가능 -

포장박스용 완충재 발명은 특허로만 출원하여 보호를 받은 것이지만, 디자인으로 출원하여 디자인권으로도 보호를 받을 수 있다.
*[발명의 명칭: 포장박스용 완충재] [등록특허 10-0834268]

[발명의 요지]

공중부양 포장박스용 완충재에 관한 것으로서 상세하게는 수납되는 과일, 기구 등의 수납물이 이송 중에 안전할 수 있도록 진동이나 압력에 의한 충격을 흡수 및 완화시키고, 수납물이 흔들리지 않도록 고정할 수 있는 포장박스용 완충재에 관한 것이다.

[발명의 청구범위]

바닥면과, 상기 바닥면으로부터 상방으로 직립되며 상호 대향되는 위치에서 슬릿형상으로 관통되어 형성된 다수의 끼임부를 구비하는 양측벽으로 구성된 고정부재로 이루어지며, 상기 고정부재의 끼임부는, 상측으로부터 개방형성되어 수납물의 포장재의 끝부분이 삽입되는 삽입구; 상기 삽입구로부터 연장형성되어 상기 삽입구를 통해 삽입된 수납물의 포장재가 이동되는 이송구; 및 상기 바닥면의 상부쪽 이격된 위치에서 상기 이송구로부터 연장형성되어 상기 이송구 보다 넓은 폭을 갖고 관통 형성됨에 따라 상기 이송구를 따라 이동된 상기 수납물의 포장재가 걸림되는 걸림구를 포함하고, 상기 삽입구, 이송구 및 걸림구는 상부가 개방되어 이루어진 것을 특징으로 하는 포장박스.

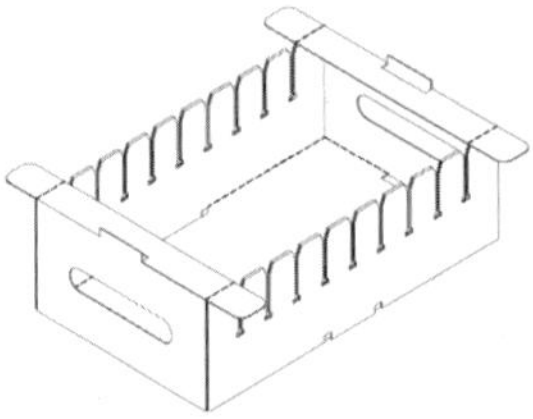

2) 상표법과의 관계

상표법은 상표를 보호함으로써 상표사용자의 업무상의 신용유지를 도모하여 산업발전에 이바지함과 아울러 수요자의 이익을 보호함을 목적으로 한다. “상표”란 상품을 생산·가공 또는 판매하는 것을 업으로 영위하는 자가 자기의 업무에 관련된 상품을 타인의 상품과 식별되도록 하기 위하여 사용하는 표장(標章)을 말한다.

“표장”이란 기호, 문자, 도형, 소리, 냄새, 입체적 형상, 홀로그램·동작 또는 색채 등으로서 그 구성이나 표현방식에 상관없이 상품의 출처(出處)를 나타내기 위하여 사용하는 모든 표시를 말한다.

일반적으로는 제품명을 상표등록하여 상표권으로 보호를 받고, 제품의 외관형태는 디자인권으로 보호를 받지만, 중복적으로 보호를 받을 수 있는 경우도 있다. 예로, 기호·문자·도형, 입체적 형상 또는 이들을 결합하거나 이들에 색채를 결합한 것, 동작상표와 동적디자인과 같은 경우 상표와 디자인으로 중복하여 보호를 받을 수도 있다.

권리보호기간에 있어서, 디자인권은 출원일로부터 20년이고, 상표권은 등록일로부터 10년이지만 상표권은 존속기간갱신등록신청에 따라 10년씩 갱신할 수 있으므로 반영구적이다. 디자인권과 상표권의 침해에 대하여 권리자가 민사적으로 행사할 수 있는 '권리침해 금지 청구권', '손해배상청구권', '신용회복청구권' 등은 동일하고, 형사적 구제도 '7년 이하 징역 또는 1억원 이하의 벌금'으로 동일하지만, 디자인권은 권리자가 소를 제기하여야 범죄행위가 성립하는 친고죄이나, 상표는 비친고죄[6]인 점이 다르다. 상표법에서 상표권의 침해죄가 비친고죄로 규정된 것은 상표권의 침해행위가 상품출처의 오인과 혼동을 초래함으로써 권리자뿐만 아니라 상품구매자에게 피해를 주어 공익성 측면이 강하기 때문이다.

1.3. 산업디자인진흥법과의 관계

산업디자인진흥법은 산업디자인의 연구 및 개발을 촉진하고, 산업디자인을 진흥하기 위한 '사업을 지원'함으로써 산업의 경쟁력 강화에 이바지함을 목적으로 하고 있다. 즉, 디자인보호법

6 피해자의 고소 없이도 범죄가 성립하며 피해자가 아닌 제3자가 수사기관에 신고할 수 있다.

은 디자인의 창작, 이용, 장려를 위하여 '디자인의 보호'에 주요 내용을 규정하고 있음에 비하여 산업디자인진흥법은 사업을 지원하는 내용을 주로 규정하고 있다. 예컨대, 디자인보호법은 디자인을 특허청에 출원하여 디자인에 대한 권리(디자인권)를 등록받아 자신의 권리를 독점 배타적으로 행사하는데 법적인 보호를 할 수 있도록 규정하는 법이고, 산업디자인진흥법은 디자인 산업을 육성하고 사업화를 지원하기 위하여 정부에서 예산을 편성하여 지원하는 것을 규정하는 법이다.

산업디자인진흥법에서는 "산업디자인"에 대한 정의를 제품 등의 미적·기능적·경제적 가치를 최적화함으로써 생산자 및 소비자의 물질적·심리적 욕구를 충족시키기 위한 창작 및 개선행위를 말하며, 제품디자인·포장디자인·환경디자인·시각디자인 등을 포함한다고 규정하고 있다. 산업디자인진흥법은 산업디자인 진흥종합계획의 수립, 연구 및 진흥사업의 실시, 산업디자인의 육성 · 개발사업 우수산업디자인상품의 선정, 우수산업디자인표지의 부착금지, 전문인력의 양성, 산업디자인전문회사에 대한 지원, 산업디자인의 보호[7], 산업디자인통계의 조사, 한국디자인진흥원의 설립, 기타 벌칙 등을 규정하여 총19개 조항으로 되어 있다.

1.4. 저작권법과의 관계

저작권법은 저작자의 권리와 이에 인접하는 권리를 보호하고

7 산업디자인진흥법 제10조 제1항 "국가 또는 시·도는 산업디자인의 개발을 촉진하고 모방을 방지하기 위하여 산업디자인을 보호하는 데 노력하여야 한다."

저작물의 공정한 이용을 도모함으로써 문화 및 관련 산업의 향상발전에 이바지함을 목적으로 한다. 저작권법에서 "저작물"은 인간의 사상 또는 감정을 표현한 '창작물'을 말한다.[8] '창작물'이란 창작성이 있는 저작물을 말하고, '창작성'이란 완전한 의미의 독창성을 요구하는 것은 아니라고 하더라도 적어도 어떠한 작품이 단순히 남의 것을 모방한 것이어서는 안 되고 작자 자신의 독자적인 사상이나 감정의 표현을 담고 있어야 할 것이므로, 누가 하더라도 같거나 비슷할 수밖에 없는 표현, 즉 저작물 작성자의 창조적 개성이 드러나지 않는 표현을 담고 있는 것은 창작물이라고 할 수 없다.[9]

디자인보호법에서 디자인을 등록받을 수 없는 디자인은 다음과 같다. 디자인등록출원 전에 그 디자인이 속하는 분야에서 통상의 지식을 가진 사람이 디자인등록출원 전에 국내 또는 국외에서 공지(公知)되었거나 공연(公然)히 실시된 디자인, 또는 디자인등록출원 전에 국내 또는 국외에서 반포된 간행물에 게재되었거나 전기통신회선을 통하여 공중(公衆)이 이용할 수 있게 된 디자인에 해당하는 디자인 또는 이들의 결합에 따라 쉽게 창작할 수 있는 디자인은 디자인보호법에 따라 디자인으로 등록받을 수 없다. 또한, 디자인등록출원 전에 그 디자인이 속하는 분야에서 통상의 지식을 가진 사람이 국내 또는 국외에서 널리 알려진 형상·모양·색채 또는 이들의 결합에 따라 쉽게 창작할 수 있는 디

8 저작권법 제2조제1호.

9 대법원 2011.2.10. 선고 2009도291 판결.

자인은 디자인보호법에 따라 디자인으로 등록받을 수 없다.[10]

저작권법에서 말하는 창작성은 먼저 창작된 창작물(선행 창작물)과 동일하더라도 별개의 창작물이라면 저작권으로 인정을 받을 수 있지만, 디자인보호법에서는 창작된 디자인이 선행 디자인과 다를 뿐 아니라 용이하게 창작할 수 없는 정도의 것(용이 창작성)이라야 디자인으로 보호를 받을 수 있다.

회화, 공예, 응용미술 관련 저작권과 디자인권[11]을 대비하여 보면, 양자 모두 시각을 매개로 하여 미적 감각을 대상으로 하는 작품을 보호하는 것이지만, 저작권의 경우, i) 등록절차를 밟을 필요 없이 권리가 성립하고, ii) 저작자의 생존 중 및 사후 70년 동안 권리의 존속이 보장되며, iii) 인격권까지 보호되는 점이 다르다.

디자인보호법에 따른 보호를 받는 경우에는 i) 디자인권은 모방자의 고의나 접근 등을 입증할 필요 없이 독점배타적인 권리를 행사할 수 있는 등 권리행사에 편의성이 있고, ii) 또한 공업미술에 사용되는 디자인의 경우 대다수의 상품은 주기(Life Cycle)가 짧아 디자인권에 의한 보호로 충분하고, iii) 디자인권은 물품의 동일 또는 유사한 디자인에까지 권리가 미친다는 점 등의 차이가 있다.[12]

"응용미술저작물"은 과거의 저작권법에서는 관련규정이 없

10 제33조제2항.

11 디자인보호법 [시행 2005.7.1.] [법률 제7289호, 2004.12.31., 일부개정]에서 '의장'이라는 용어를 국민에게 친숙한 '디자인'으로 변경하였다.

12 서울형사지방법원 1994.11.10. 선고 94노2571 판결.

어 보호를 받지 못하고, 디자인보호법에서만 보호를 받아야 했지만, 2000.7.1.시행 저작권법에서 "응용미술저작물은 물품에 동일한 형상으로 복제될 수 있는 미술저작물로서 그 이용된 물품과 구분되어 독자성을 인정할 수 있는 것을 말하며, 디자인 등을 포함한다."[13]고 규정을 신설하여 저작권법으로도 보호를 받을 수 있게 되었다. 따라서 일부 디자인의 경우 저작권법과 디자인보호법에서 모두 보호를 받을 수 있게 되었다. 과거에 응용미술저작물과 관련하여 저작권법으로 보호를 받을 수 없었던 이유는 디자인권에 의한 보호로도 충분한 경우까지 무분별하게 저작권법에 의하여 중첩적으로 보호하는 경우에 산업계의 혼란 등을 야기할 수 있다는 점 때문이었다.

- 응용미술저작물을 저작권법으로 보호한 사례 -

[디자인의 설명] [물품명: 넥타이]

(디자인등록번호: 30-0331690, 2002.7.3. 출원)

- 디자인 창작 내용의 요점

공지된 넥타이의 형상에 태극문양 및 팔괘문양을 상하 좌우 연속 반복한 직물지로 만든 넥타이로서, 태극문양 및 팔괘문양은 음양의 조화와 모든 자연현상과 형상을 설명하는 기하학적인 상징물을 나타

---

13 저작권법 제2조제15호.

내며, 태극기를 간접적으로 나타내어 관광 상품으로의 효과를 주며, 공지된 넥타이의 기능성에 모양으로서의 심미감을 극대화한 것을 창작내용의 요점으로 함.

*판례: 대법원 2004.7.22. 선고 2003도7572 판결【저작권법 위반】요지

구 저작권법(2000.1.12. 법률 제6134호로 개정되기 전의 것, 이하 같다)은 제4조 제1항 제4호에서 '회화 서예 도안 조각 공예 응용미술작품 그 밖의 미술저작물' 등을 저작물로 예시하고 있었으나, 저작권법(2000.7.1.부터 시행되었다)은 제2조 제11의2호에서 '응용미술저작물'을 '물품에 동일한 형상으로 복제될 수 있는 미술저작물로서 그 이용된 물품과 구분되어 독자성을 인정할 수 있는 것을 말하며, 디자인 등을 포함한다'고 규정하고, 제4조 제1항 제4호에서 응용미술저작물 등을 저작물로 예시함으로써 응용미술저작물의 정의를 규정하고 응용미술저작물이 저작권의 보호대상임을 명백히 하고 있다.

기록에 의하면 판시 '히딩크 넥타이' 도안은 고소인이 저작권법이 시행된 2000.7.1. 이후에 2002 월드컵 축구대회의 승리를 기원하는 의미에서 창작한 것인 사실, 고소인은 위 도안을 직물에다가 선염 또는 나염의 방법으로 복제한 넥타이를 제작하여 판매하였고, 피고인 1역시 같은 방법으로 복제한 넥타이를 제작하여 판매한 사실을 각 인정할 수 있고, 원심의 인정과 같이 위 도안이 우리 민족 전래의 태극문양 및 팔괘문양을 상하 좌우 연속 반복한 넥타이 도안으로서 응용미술작품의 일종이라면 위 도안은 '물품에 동일한 형상으로 복제될 수 있는 미술저작물'에 해당한다고 할 것이며, 또

한 그 이용된 물품(이 사건의 경우에는 넥타이)과 구분되어 독자성을 인정할 수 있는 것이라면 저작권법 제2조 제11의2호에서 정하는 응용미술저작물에 해당한다고 할 것이다.

* 상기 일명 '히딩크 넥타이'는 저작권으로도 보호받을 수 있고, 디자인보호법으로도 보호를 받을 수 있다.

1.5. 부정경쟁방지 및 영업비밀보호에 관한 법률과의 관계

부정경쟁방지 및 영업비밀보호에 관한 법률(이하 '부정경쟁방지법'이라 함)은 국내에 널리 알려진 타인의 상표·상호(商號) 등을 부정하게 사용하는 등의 부정경쟁행위와 타인의 영업비밀을 침해하는 행위를 방지하여 건전한 거래질서를 유지함을 목적으로 한다. 부정경쟁방지법에서 디자인과 관련된 규정을 보면 다음과 같다. '부정경쟁행위'란 타인이 제작한 상품의 형태(형상·모양·색채·광택 또는 이들을 결합한 것을 말하며, 시제품 또는 상품소개서상의 형태를 포함한다)를 모방한 상품을 양도·대여 또는 이를 위한 전시를 하거나 수입·수출하는 행위를 하는 경우에 해당한다. 다만, ⅰ) 상품의 시제품 제작 등 상품의 형태가 갖추어진 날부터 3년이 지난 상품의 형태를 모방한 상품을 양도·대여 또는 이를 위한 전시를 하거나 수입·수출하는 행위, ⅱ) 타인이 제작한 상품과 동종의 상품(동종의 상품이 없는 경우에는 그 상품과 기능 및 효용이 동일하거나 유사한 상품을 말한다)이 통상적으로 가지는 형태를 모방한 상품을 양도·대여 또는 이를 위한 전시를 하거나 수입·수출하는 행위는 제외한다. 그 밖에 타인의 상당한 투자나 노력으로 만들어진 성과 등을 공정한 상거래 관행이나 경쟁질서에 반하는 방법으로 자신의 영업을 위하여 무단으로 사용함으로써 타인의 경제적 이익을 침해하는 행위도 '부정경쟁행위'에 해당한다.

부정경쟁방지법은 유사디자인을 방지할 수 있는데 한계가 있고, 그 판단기준으로써 주지성을 요하는 점에서 보호에 어려움이 없지 않다. 그래서 상품형태 모방금지 조항(부정경쟁방지법 제2조 제1호(자)목)을 적극적으로 디자인보호제도로써 활용할 필요가 있다. 다만, 시간상 출시 후 3년간만 보호된다는 점과 디자이너가 아니라 투자자를 보호하는 법제도라는 입법취지를 잘 이해할 필요가 있다. 그리고 소송실무상 상품형태 모방금지 조항에 기한 금지청구권의 행사는 소송 기간의 장기화와 심급제도로 인하여 3년의 보호기간이 쉽게 경과되는 문제점이 있으므로 실효성에 의문이 있다.[14]

1.6. 민법 등과의 관계

우리나라 디자인소송제도는 디자인권 무효심판이나 권리범위확인심판 등의 심판 및 심결취소 소송에 대해서는 특허심판원과 특허법원에서 각각 진행하고, 디자인권과 관련하여 침해금지, 손해배상 및 신용회복 등에 대한 소위 디자인권 침해소송은 전국 5개 지방법원, 특허법원, 대법원에서 다루고 있다.

---

14 차상육 (2010). "패션디자인 보호를 둘러싼 분쟁양상과 법적 쟁점." 산업재산권 제32호. 283-284.

민법에서는 고의 또는 과실로 인한 위법행위로 타인에게 손해를 가한 자는 그 손해를 배상할 책임이 있다고 규정하고 있으므로 디자인권자·전용실시권자는 권리를 침해한 자에 대하여 손해배상을 청구할 수 있다.[15] 또한 디자인권자는 민법상 부당이득반환청구권으로서 법률상 원인 없이 타인의 디자인권 또는 전용실시권으로 인하여 이익을 얻고 이로 인하여 권리자에게 손해를 가한 자에게 그 이익을 반환하도록 청구할 수 있는 권리를 갖는다.[16] 기타 민법상 디자인권과 관련하여, 인도 명령, 처분 명령, 등록의 유효성이 다투어진 것에 대한 증명서 등이 있다.

민사집행법에서는 디자인권에 대하여 다툼이 있을 경우 그 대상에 관한 가처분은 현상이 바뀌면 당사자가 권리를 실행하지 못하거나 이를 실행하는 것이 매우 곤란할 염려가 있을 경우, 또는 현저한 손해를 피하거나 급박한 위험을 막기 위하여, 또는 그 밖의 필요한 이유가 있을 경우에 하여야 한다고 규정하고 있다.[17]

---

15 민법 제750조(불법행위의 내용).

16 민법 제741조(부당이득의 내용).

17 민사집행법 제300조(가처분의 목적).

CHAPTER 2

제2장 디자인 성립요건

02

디자인 성립요건

2.1. 디자인의 정의

디자인보호법에 따르면, '디자인'이란 물품의 "형상·모양·색채" 또는 이들을 결합한 것으로서 시각을 통하여 미감을 일으키게 하는 것을 말한다. 디자인의 대상은 물품, 물품의 부분(한 벌의 물품의 부분은 제외) 및 글자체이다. 여기서 "글자체"란 기록이나 표시 또는 인쇄 등에 사용하기 위하여 공통적인 특징을 가진 형태로 만들어진 한 벌의 글자꼴(숫자, 문장부호 및 기호 등의 형태를 포함한다)을 말한다.

2.2. 디자인의 성립요건

부분디자인과 글자체디자인을 제외한 디자인의 일반적 성립요건은 물품성, 형태성, 시각성, 심미성이다. 디자인의 성립요건에 맞지 않으면 디자인등록을 받을 수 없다.

1) 디자인의 물품성

디자인보호법에서 '물품'이란 독립성이 있는 구체적인 물품으로서 유체동산을 의미하는 것이므로 다음에 해당하는 것은 디자인등록의 대상이 되지 않는다. 다만, 다음 (4) 및 (5)의 경우에는 부분디자인으로 출원하여 등록을 받을 수 있다.

(1) 부동산

부동산은 디자인 등록 대상이 아니다. 다만, 다량생산이 될 수 있고 운반이 가능한 경우에는 예외로 한다.

① 물품성이 인정되는 경우(디자인 등록 대상)

예 식품의 형태(빵 등), 방갈로, 이동부스, 이동판매대, 방범초소, 승차대, 이동화장실, 조립가옥, 공중전화박스 등

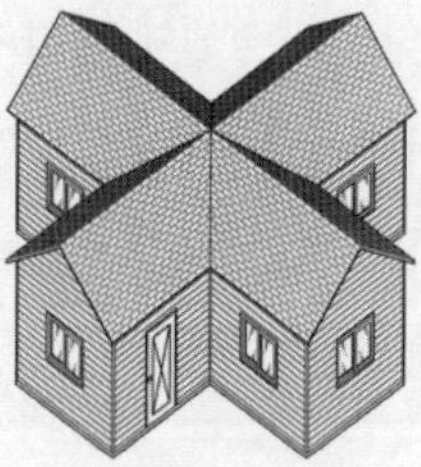

[조립가옥]

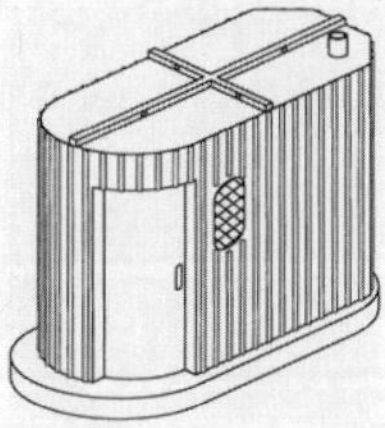

[이동용 간이 화장실]

② 물품성이 인정되지 않는 경우(디자인 등록 대상 아님)

예 물품의 재질, 구조 및 형상 등에 비추어 볼 때 현장시공을 통해 건축되는 부동산으로서 공업적 생산방법으로 양산되고 운반될 가능성이 희박한 것(대법원 2007후4311 판결 참고)

- 물품성이 없어서 디자인등록이 된 권리가 무효로 된 사례 -

[디자인의 설명] [물품명: 한증막) (디자인등록번호: 의0233630)

1. 재질은 석재와 황토임.
2. 내부층 축열 및 원적외선 방사성이 우수한 석재와 황토를 적층하고, 외부층은 화강암으로 적층 구성하여 내부공간이 장시간 일정한 온도로 유지되고 원적외선으로 한증효과가 높음.
3. 본 물품의 한증막은 중량체이므로 저면도는 생략함.

*판례: 특허법원 판결(2007허(당)5260)의 요지

이 사건 등록디자인의 대상 물품인 한증막은 그 재질과 구조 및 형상과 모양 등에 비추어 볼 때, 현장 시공을 통해 건축되는 부동산에 해당하는 것으로 판단되며, 공업적인 생산방법에 의하여 동일한 형태로 양산되고 운반될 수 있는 유체동산이라고 보기 어려워 이 사건 등록디자인은 공업상 이용가능성이 인정되지 아니한다.

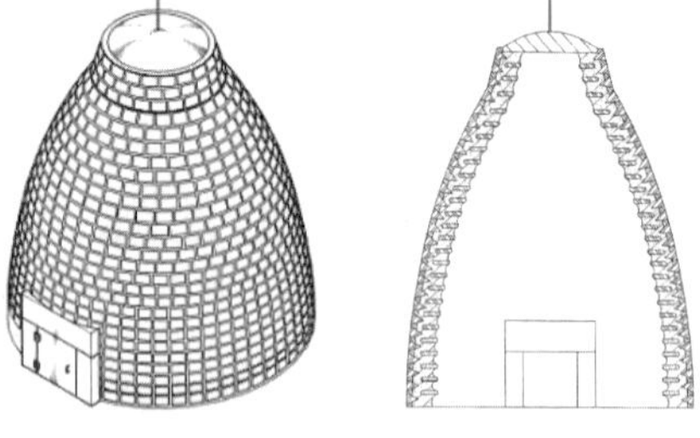

사시도 단면도

(2) 일정한 형체가 없는 것

예 기체, 액체, 전기, 빛, 열, 음향 및 전파 등

(3) 분상물(粉狀物) 또는 입상물(粒狀物)의 집합으로 된 것

예 시멘트, 설탕 등

(4) 합성물의 구성 각편(부분디자인으로 출원하여 등록받을 수 있음)

단, 완성형태가 다양한 조립완구의 구성 각편과 같이 독립거래의 대상이 되고 있는 것은 디자인등록의 대상이 된다.

(5) 독립하여 거래대상이 될 수 없는 물품의 부분(부분디자인으로 출원하여 등록받을 수 있음)

예 양말의 뒤꿈치, 병의 주둥이 등

(6) 물품 자체의 형태가 아닌 것

예 손수건 또는 타월을 접어서 이루어진 꽃모양과 같이 물품을 상업적으로 이용하는 과정에서 만들어지는 디자인으로서 그 물품 자체의 형태로 볼 수 없는 것. 아래 그림은 판매대에 진열하기 위하여 접어서 전시한 스카프로서 "접은 꽃 모양의 디자인"을 디자인으로 등록받을 수는 없다.

2) 디자인의 형태성

디자인이란 물품의 형상·모양·색채 또는 이들을 결합한 것을 말한다. 여기서 "형상 · 모양 · 색채"란 물품의 외관에 관한 디자인의 형태성의 요소를 말하는 것으로서, 물품은 유체동산이므로 형상이 결합되지 않은 모양 또는 색채만의 디자인 및 모양과 색채의 결합디자인은 인정되지 않는다. 단, 글자체는 예외로 인정하고 있다.

① "형상"이란 물품이 공간을 점하고 있는 윤곽을 말하며, 글자체를 제외한 모든 디자인은 형상을 수반한다.

② "모양"이란 물품의 외관에 나타나는 선도, 색구분, 색흐림 등을 말하며, '선도'란 선으로 그린 도형을 말하고, '색구분'이란 공간이 선이 아닌 색채로써 구획되어 있는 것, '색흐림'이란 색과 색의 경계를 흐리게 하여 색이 자연스럽게 옮아가는 것같이 보이게 하는 것을 말한다.

③ "색채"란 물체에 반사되는 빛에 의하여 눈의 망막을 자극하는 물체의 성질로서, 색채에는 투명색 및 금속색 등을 포함한다.

3) 디자인의 시각성

디자인이란 물품의 형상·모양·색채 또는 이들을 결합한 것으로서 시각을 통하여 미감(美感)을 일으키게 하는 것을 말하는데, 여기에서 '시각을 통하여'란 육안으로 식별할 수 있는 것을 원칙으로 한다. 따라서, '시각 외의 감각을 주로 하여 파악되는 것',

예1 아래 그림과 같이 확대경 등에 의해 확대하여야 물품의 형상 등이 파악되는 것으로서 디자인에 관한 물품의 거래에서 확대경 등에 의해 물품의 형상 등을 확대하여 관찰하는 것이 통상적인 경우에는 시각성이 있는 것으로 본다.

[디자인의 설명] [물품명: 연료전지셀] (디자인등록번호: 30-0398955)

1. 본 물품은, 연료전지를 구성하는 기본 단위
2. 연료전지 셀의 치수(연료전지 셀의 최대 두께: 1.5mm, x: 1.5~2.0 mm, y: 0.6~1.0mm)

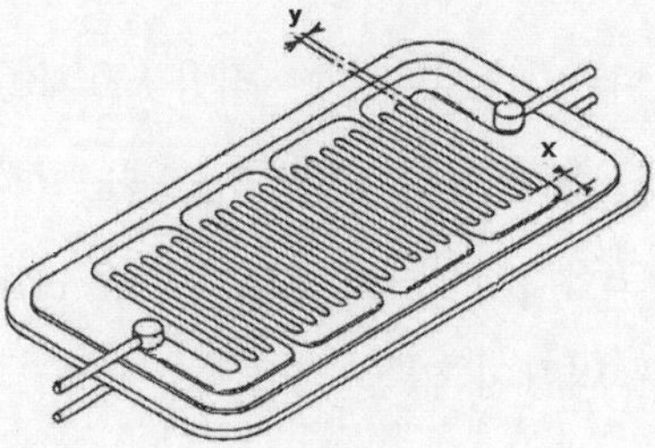

예2 만화경 속의 웃는 얼굴 모양(확대도)

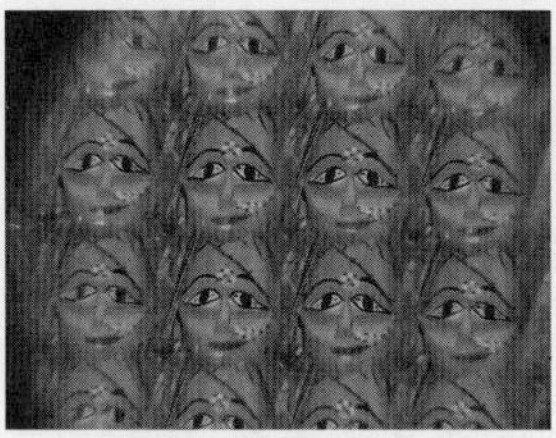

'분상물(粉狀物) 또는 입상물(粒狀物)의 하나의 단위', '외부에서 볼 수 없는 것. 즉, 분해하거나 파괴하여야 볼 수 있는 것(다만, 뚜껑을 여는 것과 같은 구조로 된 것은 그 내부도 디자인의 대상이 됨)', '확대경 등에 의해 확대하여야 물품의 형상 등이 파악되는 것'은 디자인등록의 대상이 되지 않는다.

4) 디자인의 심미성

디자인이란 물품의 형상·모양·색채 또는 이들을 결합한 것으로서 시각을 통하여 미감(美感)을 일으키게 하는 것을 말하는데, 여기서, '미감(美感)을 일으키게 하는 것'이란 미적 처리가 되어 있는 것. 즉, 해당 물품으로부터 미를 느낄 수 있도록 처리되어 있는 것을 말한다. 따라서 '기능 · 작용 · 효과를 주목적으로 한 것으로서 미감을 거의 일으키게 하지 않는 것', '디자인으로서 짜임새가 없고 조잡감만 주는 것으로서 미감을 거의 일으키게 하지 않는 것'은 미감이 없는 것으로 본다.

- 심미성(미감)이 없어서 디자인등록이 된 권리가 무효로 된 사례(1) -

[디자인의 설명] [물품명: 매트리스 돌망태] (디자인등록번호 30-0415896)

1. 재질은 금속철선임.
2. 돌망태 내부에 돌을 채워 법면 등에 설치하여 제방 등이 유실되는 것을 방지하는 보호수단으로 사용됨.

3. 본원의장은 앞면, 뒷면, 밑면이 일체로 형성되는 프레임을 절단하지 않고 한번의 공정으로 절곡한 후 좌,우측에 철선프레임을 설치하도록 하여 돌망태의 제작조립이 용이하고 원가절감등을 이룰 수 있도록 한 것임.
4. 본원의장은 길이방향으로 소정 간격을 두고 다수의 중간 칸막이를 포함하여 전체적으로 직육면체를 이루는 매트리스돌망태로서, 돌망태의 결합력과 지지력을 강화할 수 있도록 한 것임.

*** 판례: 특허법원 2008.4.8. 선고 2007허8818 판결 요지**

디자인의 유사 여부는 이를 구성하는 각 요소를 분리하여 개별적으로 대비할 것이 아니라 외관을 전체적으로 대비 관찰하여 보는 사람으로 하여금 상이한 심미감을 느끼게 하는지의 여부에 따라 판단하여야 하므로, 그 지배적인 특징이 유사하다면 세부적인 점에 다소 차이가 있을지라도 유사하다고 보아야 하고, (중략) 과거 및 현존의 것을 기초로 하여 거기에 새로운 미감을 주는 미적 고안이 결합되어 그 전체에서 종전의 디자인과는 다른 미감적 가치가 인정되는 정도면 구 의장법에 의한 디자인등록을 받을 수 있으나, 부분적으로는 창작성이 인정된다고 하여도 전체적으로 보아서 과거 및 현재의 디자인들과 다른 미감적 가치가 인정되지 아니한다면 그것은 단지 공지된 미적 고안의 상업적, 기능적 변형에 불과하여 창작성을 인정할 수 없다. (중략)

돌망태의 용도와 사용상태를 고려할 때 사람의 주의를 끌기 쉬운 특징적 요부를 공통적으로 갖추고 있는바, 양 디자인은 이러한 공통점으로 인하여 전체적인 심미감에서 별다른 차이가 없다.

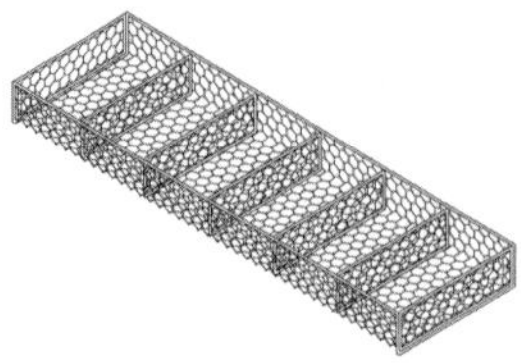

등록무효된 디자인

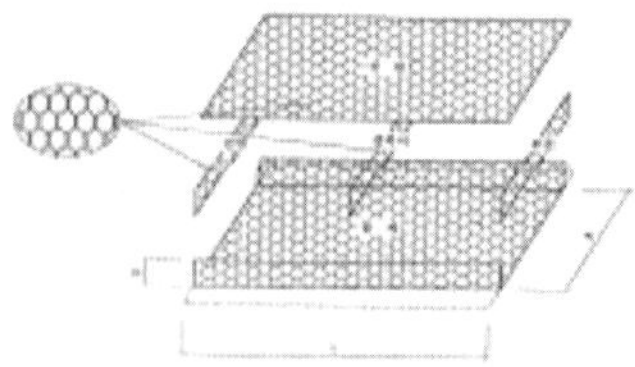

비교대상 디자인

- 심미성(미감)이 없어서 디자인등록이 된 권리가 무효로 된 사례(2) -

[디자인의 설명] [물품명: 메츄리알 포장용기] (디자인등록번호 30-0571603)

1. 본 디자인 물품은 투명체 또는 반투명체로 구성될 수 있음.
2. 본 디자인 물품은 다수의 메츄리알을 포장하는데 사용되는 것임.

[디자인 창작 내용의 요점]

"메츄리알 포장용기"의 형상과 모양의 결합을 디자인창작내용의 요점으로 함.

* 판례: 대법원 2013.4.11. 선고 2012후3794 판결[등록무효(디)]

디자인의 유사 여부는 디자인을 구성하는 각 요소를 부분적으로 분리하여 대비할 것이 아니라 전체와 전체를 대비 관찰하여 보는 사람이 느끼는 심미감 여하에 따라 판단하여야 할 것이지만, 양 디자인의 공통되는 부분이 그 물품으로서 당연히 있어야 할 부분 내지 디자인의 기본적 또는 기능적 형태인 경우에는 그 중요도를 낮게 평가하여야 하므로 이러한 부분들이 유사하다는 사정만으로는 곧바로 양 디자인이 서로 유사하다고 할 수는 없다(대법원 2005. 10.14. 선고 2003후1666 판결 참조).

그리고 디자인의 유사 여부를 판단함에 있어서는 그 디자인이 표현된 물품을 거래할 때뿐만 아니라 사용할 때의 외관에 의한 심미감도 함께 고려하여야 한다.

등록디자인

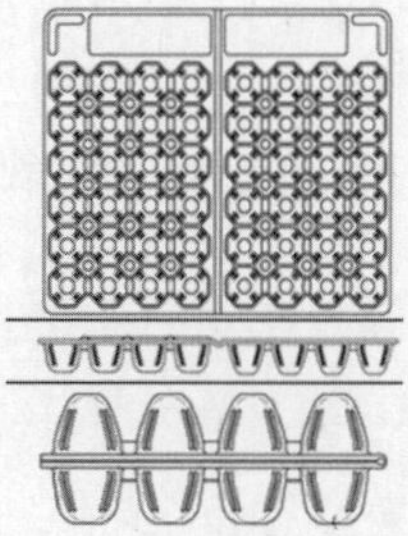

비교대상디자인

5) 부분디자인의 성립요건

부분디자인이 다음의 요건을 구비하지 못한 경우에는 디자인의 성립요건에 위배되어 거절된다.

① 부분디자인의 대상이 되는 물품이 통상의 물품에 해당할 것. 즉, 독립성이 있으며 구체적인 유체물로서 거래의 대상이 될 수 있을 것

② 물품의 부분의 형태라고 인정될 것. 다만, '물품의 형상을 수반하지 않은 모양·색채 또는 이들을 결합한 것만을 표

현한 것이 아닐 것', '물품 형태의 실루엣을 표현한 것이 아닐 것'

③ 다른 디자인과 대비함에 있어 대비의 대상이 될 수 있는 부분으로서 하나의 창작단위로 인정되는 부분일 것

④ 한 벌의 물품의 디자인에 관한 부분디자인이 아닐 것

- 부분디자인에 해당하여 디자인 등록 받은 사례 -

[디자인의 설명] [물품명: 휴대폰 케이스] (디자인등록번호 30-0617381유사1)

1. 재질은 합성수지재임.
2. 본 물품은 디자인의 상부에 형성된 토끼의 귀 모양이 형성되고, 토끼의 귀 모양에는 이어폰 줄을 감을 수 있는 것임.
3. 본 물품의 도면중 회색으로 표현된 토끼 귀와 꼬리의 점선부분을 제외한 나머지 부분을 부분디자인으로서 디자인등록을 받고자 하는 부분임.

[디자인 창작 내용의 요점]

본원 휴대폰 케이스 디자인은 스폰지와 같은 재질의 미감을 줌과 동시에 독창적인 형상과 모양의 결합으로 종래 공지된 디자인과는 차별화하였으며, 토끼의 형상을 주요 모티브로 한 것을 창작내용의 요점으로 함.

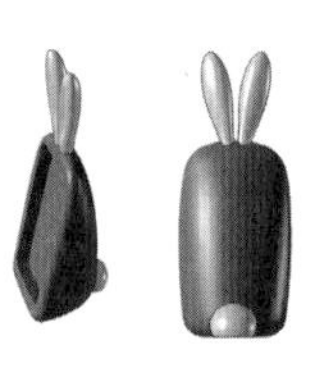

* 판례: 대법원 2013.2.15, 선고, 2012후3343 판결 요지

이 사건 출원디자인은 [토끼 귀] 부분과 [토끼 꼬리] 부분이 물리적으로 떨어져 있더라도 이를 보는 사람이 [토끼 귀] 부분은 '토끼 귀'로, [토끼 꼬리] 부분은 '토끼 꼬리'로 각각 인식할 수 있어서 그들 사이에 형태적으로 일체성이 인정되고, 그로 인하여 이를 보는 사람으로 하여금 그 전체가 '토끼 형상'과 유사한 일체로서 시각을 통한 미감을 일으키게 하므로, 이 사건 출원디자인은 디자인보호법 제11조 제1항에서 규정한 '1디자인'에 해당한다.

그럼에도 원심(특허심판원)이 이 사건 출원디자인의 [토끼 귀] 부분과 [토끼 꼬리] 부분 사이에 형태적으로 일체성이 인정되지 아니한다고 보아 이 사건 출원디자인의 등록출원이 디자인보호법 제11조 제1항(1디자인 1디자인등록출원)[1]에 위배된다고 판단한 데에는 '1디자인'의 판단에 관한 법리를 오해하여 판결에 영향을 미친 위법이 있다.

6) 글자체디자인의 성립요건[1]

'글자체'란 기록이나 표시 또는 인쇄 등에 사용하기 위하여 공통적인 특징을 가진 형태로 만들어진 한 벌의 글자꼴(숫자, 문장부호 및 기호 등의 형태를 포함한다)을 말하는 것으로서, 글자체는 '형상'을 수반하지 않지만 물품으로 간주한다.

글자체디자인은 다음 요건을 구비하여야 등록받을 수 있다.

1 디자인등록출원은 1디자인마다 1디자인등록출원으로 한다.

① 기록이나 표시 또는 인쇄 등에 사용하기 위한 것일 것

② 공통적인 특징을 가진 형태로 만들어진 것일 것

③ 한 벌의 한글 글자꼴, 한 벌의 영문자 글자꼴, 한 벌의 한자 글자꼴, 그 밖의 한 벌의 외국문자 글자꼴, 한 벌의 숫자 글자꼴 또는 한 벌의 특수기호 글자꼴일 것

④ 글자체의 모양·색채 또는 이들의 결합일 것

⑤ 글자체가 시각을 통하여 미감을 일으키는 것일 것

제3장
디자인 등록요건

03

디자인 등록요건

3.1. 개요

디자인등록을 받기 위하여 디자인 성립요건 뿐 아니라 디자인 등록요건을 갖추어야 한다. 제2장에서 디자인 성립요건을 다루었고, 본 장에서는 디자인 등록요건을 다룬다. 등록요건에는 절차적 요건과 실체적 요건이 있는데, 절차적 요건에는 ① 디자인의 대상이 되는 물품의 구분에 따른 출원, ② 디자인일부심사등록출원을 할 수 있는 물품에 따른 출원, ③ 1디자인1등록 출원, ④ 복수디자인등록 출원, ⑤ 한 벌의 물품의 디자인등록 출원, ⑥ 부분디자인등록 출원 요건 ⑦ 관련디자인등록출원의 등록요건 등이 있으며, 실체적 요건(적극적 요건)에는 ① 공업상 이용가능성이 있는 디자인일 것(공업상 이용가능성), ② 신규한 디자인일 것(신규성), ③ 공지된 디자인으로부터 창작성이 있는 디자인일 것(창작성)의 요건 등이 있다. 한편, 절차적·실체적 요건을 갖추었으나 국기·국장·군기 또는 선량한 풍속에 어긋나는 등 디자인 부등록 사유에 해당(소극적 요건)하여 등록을 받을 수 없는 경우도 있다. 아래 표는 국가별 디자인제도 비교표이다.

표 3-1. 한국, 미국, 유럽의 디자인 제도 비교[1]

	한국 디자인 제도	미국 디자인 보호 제도	유럽공동체 디자인 제도
디자인 필수 요소	물품성, 형태성, 시각성, 심미성	물품성, 장식성, 독창성	제품성, 외관성, 장식성
디자인 등록 요소	산업상 이용 가능성, 신규성, 창작성	신규성, 독창성, non obiousness	신규성, 독특성, 시각적으로 표현, 공서양속에 반하지 않아야 함
디자인 등록 출원	디자인 일부심사 및 심사제도	심사, 디자인 특허제도	방식 심사 등록: 1주일

3.2. (소극적 등록요건) 등록을 받을 수 없는 디자인(부등록 사유에 해당하는 디자인)

디자인보호법에 의하여 등록을 받을 수 없는 디자인으로 규정되어 있는 디자인은 다음과 같다.

1) 국기, 국장(國章), 군기(軍旗), 훈장, 포장, 기장(記章), 그 밖의 공공기관 등의 표장과 외국의 국기, 국장 또는 국제기관 등의 문자나 표지와 동일하거나 유사한 디자인

1 이윤교. 유럽 디자인권 분쟁 동향과 필수 체크리스트. 2013. http://www.sfplegal.com/presentations/design-litigation-in-europe.pdf

표장, 문자, 표지란 공공기관 등의 명칭, 주된 마크(심벌) 및 그 밖에 이들이 수행하는 공익사업에 사용하기 위한 표장(이하 "공익표장"이라 함)을 말한다. 대한민국, 외국, 국제기관을 포함하여 그 밖의 공공기관 등이 '자기의 표장' 또는 '문자'나 '표지'를 출원한 경우에도 부등록 사유에 해당한다.

다만, 공공기관 등이 자기의 명칭, 주된 마크(심벌)를 자기의 출원디자인의 일부 구성요소로 포함하여 출원한 경우, 또는 자기의 공익표장과 동일하거나 유사한 것을 출원하거나 자기의 공익표장을 디자인의 일부 구성요소로 포함하여 출원한 경우에는 등록 받을 수 있다. 따라서 타인이 공공기관 등의 명칭, 주된 마크(심벌) 또는 공익표장과 동일하거나 유사한 것을 출원디자인의 일부 구성요소로 포함하여 출원한 경우에는 부등록 사유에 해당하여 등록 받을 수 없다.

2) 디자인이 주는 의미나 내용 등이 일반인의 통상적인 도덕관념이나 선량한 풍속에 어긋나거나 공공질서를 해칠 우려가 있는 디자인

인륜, 사회정의 또는 국민감정에 반하는 것, 특정국가 또는 그 국민을 모욕하는 것, 저속·혐오 또는 외설스러운 것, 국가원수의 초상 및 이에 준하는 것은 디자인으로서 등록 받을 수 없다.

다만, 디자인의 대상이 되는 물품 또는 그와 관련된 물품의 규격이나 품질 등에 대한 인증을 나타내는 표지를 전체디자인의 일부 구성요소로 포함하고 있는 경우에 그 자체만으로 공공질서 등을 해칠 우려가 있다고 볼 수 없으므로 디자인으로 등록받을 수 있다.

3) 타인의 업무와 관련된 물품과 혼동을 가져올 우려가 있는 디자인

타인의 '저명한' 상표·서비스표 또는 단체표장을 디자인으로 표현한 경우(디자인의 일부 구성요소로 포함한 경우도 포함), '비영리법인의 표장'을 디자인으로 표현한 경우(디자인의 일부 구성요소로 포함한 경우도 포함), 상표적인 성격을 갖춘 '타인의 저명한 디자인'을 일부 구성요소로 하는 것 등은 디자인으로 등록받을 수 없다.

다만, 디자인의 대상이 되는 물품 또는 그와 관련된 물품의 규격이나 품질 등에 대한 인증을 나타내는 표지를 디자인의 일부 구성요소로 포함하고 있는 경우에는 그 부분은 출처를 나타내는 표시가 아니라 인증에 관한 정보전달만을 위해 사용하는 것으로 보기 때문에 디자인으로 등록받을 수 있다.

4) 물품의 기능을 확보하는 데에 불가결한 형상만으로 된 디자인

물품의 기술적 기능을 확보하기 위하여 필연적으로 정해진 형상으로 된 디자인은 모양·색채 또는 이들의 결합의 유무에 불구하고 디자인, 물품의 호환성 등을 확보하기 위하여 표준화된 규격으로 정해진 형상으로 된 디자인은 등록받을 수 없다. 예로, 접시모양의 파라보라 안테나 디자인 출원, 규격봉투 디자인 출원 같은 경우에는 디자인으로 등록받을 수 없다. 단, 규격을 정한 주목적이 기능의 발휘에 있지 않은 경우에는 디자인으로 등록받을 수 있다.

3.3. (절차적 등록요건) 디자인의 대상이 되는 물품의 구분에 따른 출원

디자인등록출원시 디자인 물품류별 물품목록을 참고하여 출원서의 [물품류] 기재란에 국제분류의 류(Class)를 기재하여야 한다. 디자인등록 출원 시 물품류 및 물품의 구분은 용도와 기능 등을 기준으로 정하여진 '물품류별 물품목록'[2]에 따른다. 물품류 및 물품의 구분은 디자인등록출원서 작성의 일관성을 유지하고 통일된 물품 명칭을 사용하기 위한 것으로서 물품 간의 유사범위를 정한 것은 아니며,[3] 물품류 또는 물품을 잘못 기재한 경우에는 1디자인 1디자인등록출원에 위반되어 등록을 받을 수 없다.[4] 우리나라는 2014.7.1일부터 국제 디자인등록출원제도가 시행됨에 따라 산업디자인의 국제분류를 사용하고 있다. 로카르노 분류는 32개류 219개군에 7,157개의 물품목록을 포함하고 있지만, 우리나라에서 이용하고 있는 분류는 로카르노 분류 32개중 31개를 그대로 이용하고 있다. 디자인 물품류별 물품목록은 로카르노와 기존 한국분류의 물품명칭을 합한 것으로 약 12,550개의 물품명칭이 수록되어 있다.

2 디자인보호법 시행규칙의 [별표 4](물품류 구분).

3 대법원 2003후1901 판결.

4 제40조(1디자인 1디자인등록출원) 제2항.

3.4. (절차적 등록요건) 출원의 형태에 따른 등록요건[5]

1) 1디자인1등록출원의 등록요건

디자인등록출원은 디자인보호법 시행규칙에 따른 물품류 구분에서 정하고 있는 1디자인마다 1디자인등록출원으로 하여야 한다. 디자인등록출원이 1디자인 1디자인등록출원 요건을 갖추지 못한 경우에는 등록을 받을 수 없다. 둘 이상의 물품을 결합하여 출원한 물품의 1물품성 인정 여부는 결합상태로 보아서 각 물품의 기능 · 용도가 새로운 하나의 기능 · 용도로 인식될 경우 인정된다. 예로, 너트와 볼트, 찻잔과 찻잔접시 등이 있다. 인정되지 않은 예로는 분리된 의자와 책상, 핸드폰과 핸드폰 케이스 등이 있다.

2) 동적디자인출원의 등록요건

동적디자인의 동적의 움직임에 일정성 및 통일성이 있어야 등록받을 수 있다. 동적디자인은 동작상태의 변화를 나타내는 디자인이기 때문에 중간 과정이 나타나야 한다. 중간과정이 없이 변화하기 전의 디자인과 완전히 변화한 후의 디자인 도면만 제시할 경우 등록을 받을 수 없다.

---

5 출원형태에 따른 디자인에 대하여 구체적인 내용은 제4장 "디자인출원의 형태"를 참조할 것.

3) 디자인일부심사등록출원의 등록요건

디자인일부심사등록출원은 물품분류 제2류(의류 및 패션잡화용품), 제5류(섬유제품, 인조 및 천연 시트직물류), 제19류(문방구, 사무용품, 미술재료, 교재) 내에서 디자인일부심사등록출원을 하여야 한다. 또한 제2류, 제5류, 제19류에 해당하는 물품을 디자인일부심사등록출원으로 출원하지 않고 디자인심사등록출원으로 출원하면 거절된다.

4) 복수디자인등록출원의 등록요건

복수디자인등록출원은 물품류 구분에서 같은 물품류에 속하는 것들을 100 이내로 하여 출원한다. 복수디자인등록출원이 같은 물품류에 속하지 않으면 거절되며, 이 경우 물품류가 다른 물품의 디자인에 대하여 삭제보정 또는 출원분할이나 출원취하를 하여 거절이유를 극복할 수 있다.

5) 한 벌의 물품 디자인등록출원의 등록요건

한 벌의 물품 디자인등록출원을 하려면 디자인 물품류 구분에 따라 한 벌의 물품의 구분(별첨 첨부)에 규정되어 있는 물품에 해당하여야 하며, 한 벌 전체로서 통일성이 있어야 한다. 등록요건은 한 벌의 물품을 구성하는 물품이 적합할 것, 각 구성물품의 형상·모양·색채 또는 이들의 결합이 동일한 표현방법으로 표현되어 한 벌 전체로서 통일성이 있다고 인정되는 것, 각 구성물품이 상호 집합되어 하나의 통일된 형상이나 모양 등을 표현함으로써 한 벌 전체로서 통일성이 있다고 인정되는 것, 각 구성물품의 형상 · 모양 · 색채 또는 이들의 결합에 의하여 관념적으로 관련이 있는 인상을 주어 한 벌 전체로서 통일성이 있다고 인정되는 것, 둘 이상의 물품이 한 벌로 동시에 사용될 것 등이다.

6) 부분디자인등록출원의 등록요건

부분디자인을 출원할 때에는 물품명에는 해당 부분을 표현하는 명칭이 아닌 그 물품 자체의 명칭을 사용하여야 하며, 한 벌의 물품의 부분에 관한 디자인을 부분디자인으로 출원하면 등록받을 수 없다. 물리적이나 공간적으로 분리된 둘 이상의 부분이 표현된 경우는 1디자인 1디자인등록출원에 위반되어 등록받을 수 없지만, 물리적으로 분리되어 있을지라도 대칭이 되거나 한 쌍이 되는 등 관련성을 가지고 있는 것은 '형태적 일체성'이 있는 것으로 인정되어 등록받을 수 있고, 또한 물리적으로 분리된 부분들이 전체로서 하나의 기능을 수행함으로써 일체적 관련성을 가지고 있는 경우는 '기능적 일체성'이 있는 것으로 인정되어 등록받을 수 있다.

7) 관련디자인등록출원의 등록요건

기본디자인의 물품명칭과 관련디자인등록출원의 물품명칭이 다르면 거절되므로 일치하도록 해야 한다. 무효심판 또는 이의신청에 계류 중인 등록디자인을 기본디자인으로 하여 출원된 관련디자인등록출원은 심사가 보류 된다. 또한, 기본디자인 출원에 대한 거절결정이 확정되지 않은 경우(거절결정에 대한 심판이 계속 중인 경우 포함) 관련디자인등록출원의 심사는 보류 된다. 다만 국제디자인등록출원은 먼저 가거절통지가 발송된 이후 심사보류가 된다. 디자인일부심사등록출원으로서 관련디자인등록출원인 경우 디자인일부심사에 따라 심사하며, 다만, 제3자의 정보제공에 따라 정보 및 증거가 제공된 경우에는 그에 근거하여 거절이 될 수 있다.

3.5. (적극적 등록요건) 공업상 이용 가능성

1) 공업상 이용할 수 있는 디자인의 요건

공업적 생산방법에 의하여 양산이 불가능하여 공업상 이용할 수 없는 디자인은 디자인등록을 받을 수 없다.[6] 공업상 이용가능성이란 공업적 생산방법에 의하여 동일한 형태의 물품이 양산될 수 있는 것을 말한다. 따라서 디자인의 대상 물품이 공업적 생산과정에 의하여 만들어지는 물품이어야 디자인으로 등록받을 수 있다.

공업적 생산방법이란 원자재에 물리적 또는 화학적 변화를 가하여 유용한 물품을 제조하는 것을 말하며, 양산이란 동일한 형태의 물품을 반복적으로 계속하여 생산하는 것을 뜻한다.[7] 「공업적 생산방법」에는 기계에 의한 생산은 물론 수공업적 생산도 포함한다. 「동일한 물품을 양산할 수 있는 디자인」이란 물리적

---

6 제33조(디자인등록의 요건) 제1항 본문.

7 대법원 1994.9.9, 선고, 93후1247 판결.

으로 완전히 같은 물품을 양산할 수 있는 디자인이어야 하는 것은 아니고, 그 디자인 분야에서 통상의 지식을 가진 사람이 그 지식을 기초로 합리적으로 해석하였을 때 같은 물품으로 보일 수 있는 수준의 동일성을 가진 물품을 양산할 수 있는 디자인을 의미한다.

부분디자인의 공업상 이용가능성의 요건은 부분디자인에 있어서도 디자인의 대상이 되는 물품이 공업적 또는 수공업적 방법에 의하여 반복적으로 양산될 수 있어야 하며, 「물품의 액정화면 등 표시부에 표시되는 도형 등」(화상디자인)이 물품에 일시적으로 구현되는 경우 그 물품은 화상디자인을 표시한 상태에서 공업상 이용할 수 있는 디자인으로 취급한다.

예 자연물을 가공한 것으로서 공업상 이용가능성이 있는 디자인(괄호 속의 내용은 재료를 나타냄)[8]

폐백닭(곶감, 오이 등)

폐백용장식물(어포)

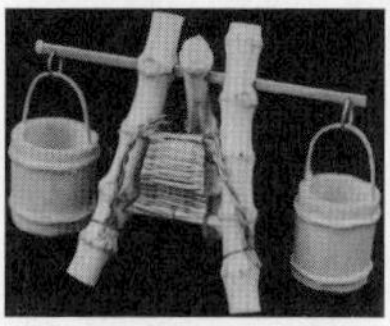
장식용물지게(나무)

장식용숯바구니(대나무)

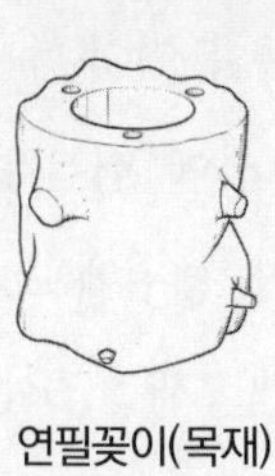
연필꽂이(목재)

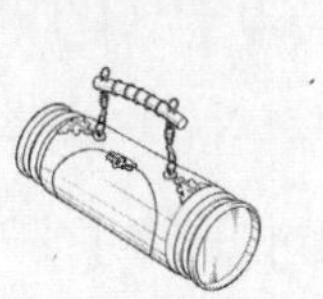
핸드백(대나무)

8 특허청. 중소기업을 위한 브랜드·디자인 경영 매뉴얼. 2007. 14p.

공업적 생산방법에 의하여 제조가 가능한 것으로 볼 수 없는 디자인은 다음과 같다.

① 자연물을 디자인의 구성주체로 사용한 것으로서 다량 생산할 수 없는 것

예 동물박제, 꽃꽂이, 수석

② 순수미술 분야에 속하는 저작물

예 그림, 유리공예작품, 도자기작품, 설치미술작품

③ 물품을 상업적으로 취급하는 과정에서 만들어지는 서비스 디자인

④ 부동산에 해당하는 건축디자인, 조경디자인

2) 공업상 이용할 수 있는 디자인의 구체성 요건

다음의 경우와 같이 디자인의 표현이 구체적이지 않아 공업상 이용할 수 없는 디자인은 디자인등록을 받을 수 없다.[9]

(1) 도면에 디자인의 전체적인 형태가 명확하게 표현되지 않아 어떤 부분이 추측상태로 남아 있는 경우

(2) 그 디자인이 속하는 분야에서 통상의 지식에 기초하여 출원서의 기재사항 및 출원서에 첨부된 도면 등을 종합적으로 판단하여 합리적으로 해석한 경우에도 디자인에 관한 물품의 사용목적 · 사용방법 · 사용상태 · 재질 또는 크기 등이 불명확하여 디

---

[9] 제33조(디자인등록의 요건) 제1항 본문.

자인의 요지를 파악할 수 없는 경우

(3) 도면 상호간 불일치 정도가 중대하고 명백하여 그 디자인이 속하는 분야에서 통상의 지식을 가진 자가 경험칙에 의해서 종합적으로 판단한 경우에도 디자인의 요지를 특정할 수 없는 경우[10]

(4) 도면(사진 포함), 견본 등이 선명하지 아니한 경우. 다만, 디자인의 표현 부족을 경험칙에 의하여 보충하여 볼 때 그 디자인의 요지 파악이 가능하여 당업자가 그 디자인을 실시할 수 있을 정도의 경우에는 그렇지 않다.

(5) 디자인이 추상적으로 표현된 것. 출원서 또는 도면 중에 문자나 부호 등을 사용하여 형상, 모양 및 색채를 추상적으로 설명함으로써 디자인의 요지파악이 불가능한 경우

(6) 재질 또는 크기의 설명이 필요한 경우에 그에 관한 설명이 없는 것

(7) 색채도면의 일부에 착색하지 아니한 부분이 있는 것. 다만, 디자인의 설명 란에 무착색 부분에 대하여 백색, 회색 또는 흑색이라고 색채를 적은 것, 투명 부분이라고 적은 것, 뚫린 부분이라고 적은 경우에는 예외로 한다.

(8) 입체적인 물품을 표현하는 도면이 다음에 해당하는 경우로서 도면만으로 물품의 전체적인 형태를 명확하고 충분하게 파악할 수 없는 경우

10 대법원 2005.9.15. 선고 2004후2123 판결.

(9) 입체적인 물품으로서 형상이 연속하는 디자인 또는 평면적인 물품으로서 모양이 연속 또는 반복하는 디자인에서 도면이 그 연속상태를 알 수 있도록 도시 되지 않았거나, 디자인의 설명란에 형상이나 모양이 1방향 또는 상하좌우로 연속 또는 반복하는 상태에 대한 설명이 없는 경우

(10) 길이가 한정된 물품의 중간을 생략한 도면으로서 생략한 부분을 두 줄의 평행한 1점쇄선으로 절단하여 표시하지 않았거나 이와 상응하는 방법으로 표시하지 아니하여 디자인을 명백히 알 수 없는 도면

예 두 줄의 굽은 곡선, 2점 쇄선 및 지그재그선 등으로 절단하여도 공업상 이용가능성 인정

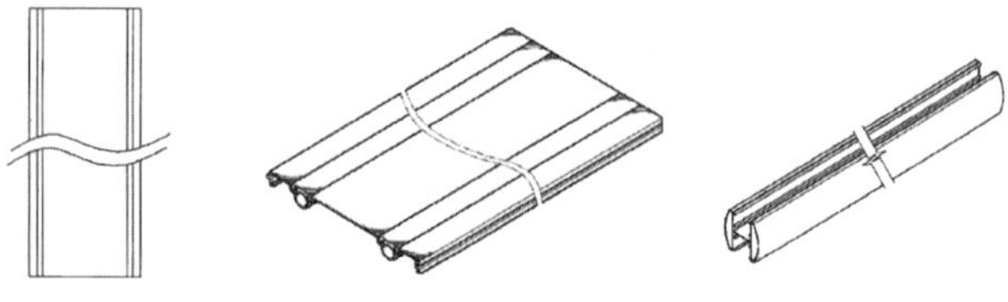

(11) 교량이나 가옥 등 토목건축용품에 관한 디자인으로서 다량생산 가능성이나 운반 가능성에 대한 설명이 필요하다고 인정될 경우에 그에 관한 설명을 '디자인의 설명란'에 적지 않은 경우

(12) 제출된 도면만으로는 디자인을 충분히 표현할 수 없는 경우로서 조립완구 등과 같은 합성물의 경우 구성하는 각 편의 도면만으로 사용의 상태를 충분히 표현할 수 없는 것에 대해서는 그 만들어지는 상태 또는 보관되는 상태를 표시하는 도면이

없거나, 조립된 상태의 도면만으로는 분해된 상태를 충분히 표현할 수 없는 것에 대해서는 구성하는 각 편의 도면이 없는 경우

(13) 열리고 닫히거나 펼쳐지고 접히는 물품의 디자인으로서 변화하기 전후의 상태를 도시하지 않으면 그 디자인을 충분히 표현할 수 없는 경우에, 변화하기 전과 후의 상태를 알 수 있는 각각의 도면이 없는 경우

예 [물품명: 앰프 내장형 접힘 스피커][디자인등록번호 30-03599790000]의 펼쳐진 상태의 도면 및 접힌 상태의 도면(등록 받을 수 있음)

(14) 움직이는 물품의 디자인(동적디자인)으로서 그 움직이는 상태를 표현하지 않으면 그 디자인을 충분히 파악할 수 없는 경우에 정지상태의 도면과 그 동작 상태를 알 수 있는 도면(동작 중의 기본적 자세, 동작내용을 나타내는 궤적 등)이 없거나, 필요하다고 인정될 경우에 디자인의 설명란에 그에 관한 설명이 없는 경우

예 [물품명: 조명등용 갓][디자인등록번호; 30-07366280000]의 움직이는 연속동작을 나타내는 일련의 도면

[디자인의 설명]

1. 재질은 목재, 합성수지 및 금속재임.

2. 본 디자인은 전기스탠드 등에 사용하며, 개인 취향에 따라 조명등용 갓 모양을 다양하게 변화하여 사용할 수 있음.
3. 본 디자인은 조명등용 갓이 변화하는 동적 디자인으로서 차례로 조명등용 갓을 모두 접었을 때 → 15°씩 펼쳤을 때 → 90°씩 펼쳤을 때 → 36°씩 펼쳤을 때 모습을 보여주는 도면임.

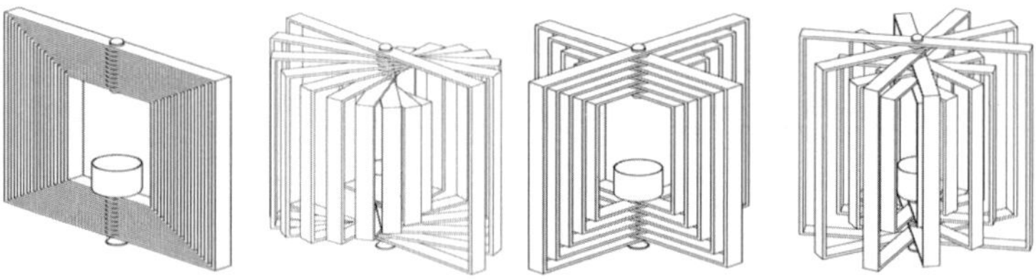

(15) 부분디자인 표현시 부분디자인으로 등록받으려는 부분의 범위가 명확하게 특정되지 않은 경우. 전체디자인 중 부분디자인으로 디자인등록을 받으려는 부분을 실선으로 표현하고 그 외의 부분을 파선으로 표현하는 방법에 따르지 않았거나 이와 상응하는 표현방법에 따르지 않은 경우. 다만, 채색(coloring) 또는 경계선(boundary) 등으로 표현하여 부분디자인으로 등록받으려는 부분을 특정한 것으로 인정할 수 있다.

예 [물품명: 쇼핑백][디자인등록번호: 30-0533251]

[디자인의 설명]

1. 재질은 종이 및 합성수지임.
2. 실선으로 표현된 부분이 부분디자인으로 디자인등록을 받고자 하는 부분임.

3. 도면에 표시된 문자는 디자인의 대상에서 제외됨.

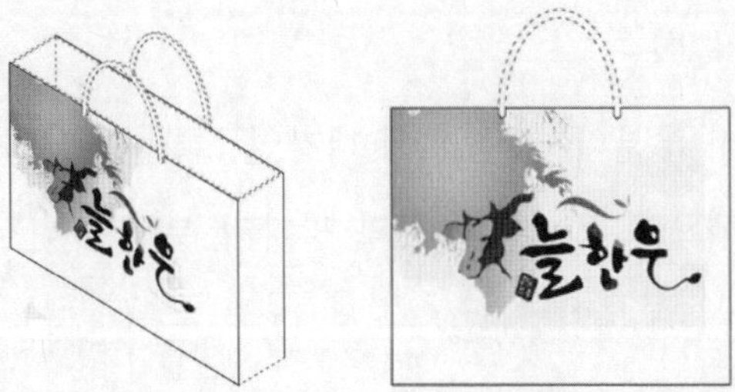

예 [물품명: 로봇용 팔][디자인등록번호 30-07424670001]

[디자인의 설명]

1. 본 디자인은 휴대폰 매장에 설치되어 휴대폰을 홍보하고 거치하는데 사용되는 것임.
2. 본원 디자인은 부분디자인으로서, 흰색으로 표시된 부분을 제외한 손모양을 부분디자인으로 등록받고자 하는 것임.
3. 본원 디자인은 팔의 관절을 회전시켜 여러 가지 형태로 변형이 가능한 것임.

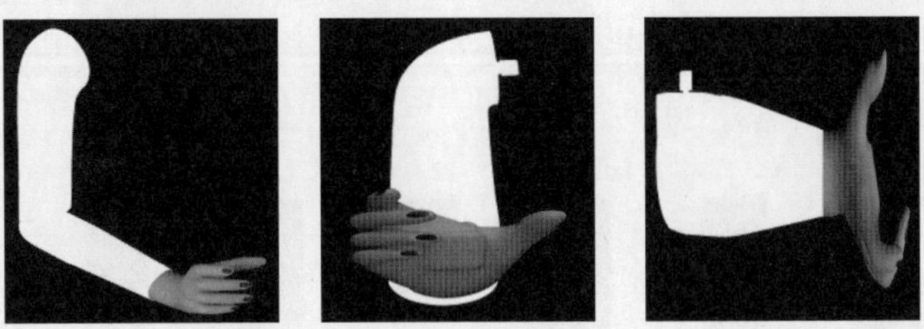

예 [물품명: 인형][디자인등록번호: 30-0696100]

[디자인의 설명]

머리 부분이 부분디자인으로서 디자인등록을 받고자 하는 부분이고, 무채색으로 도시된 몸통과 팔다리 부분은 디자인 등록을 받고자 하는 부분이 아님.

(16) 정지상태의 도면과 그 동작 상태를 알 수 있는 도면(동작 중의 기본적 자세, 동작내용을 나타내는 궤적 등)이 없거나 필요하다고 인정될 경우에 디자인의 설명란에 그에 관한 설명이 없는 경우

예 도면은 동영상파일을 실행하였을 경우 동작의 궤적을 나타낸 것이다.

[물품명: 화상디자인이 표시된 멀티미디어 단말기][디자인등록번호 30-0677594]

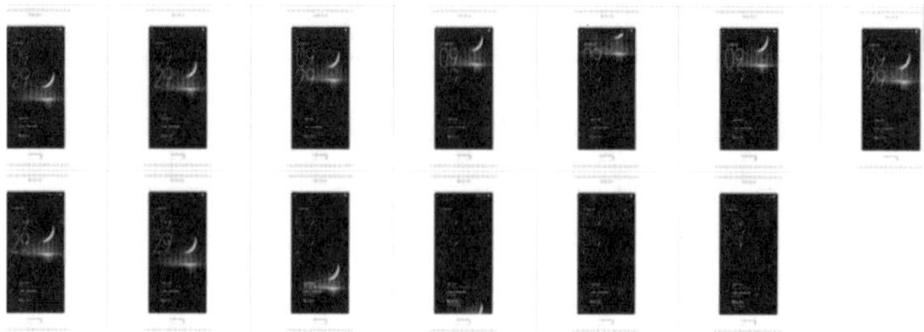

(17) 글자체디자인을 표현하는 도면이 지정글자 도면, 보기문장 도면 및 대표글자 도면 중 일부가 없는 경우

(18) 한 벌의 물품의 디자인의 도면이 각 구성물품마다 그 디자인을 충분히 표현할 수 있는 1조의 도면을 도시하지 않은 경우, 각 구성물품의 하나의 디자인을 도면과 3D 모델링 도면을 혼합하여 표현한 경우

(19) 도면 및 부가도면이 선도(線圖), 사진 또는 3D 모델링 도면 중 한가지로 통일되게 작성되지 않은 경우. 다만, 3D 모델링 도면 외의 참고도의 경우에는 예외이다.

3.6. (적극적 등록요건) 신규성

디자인등록출원 전에 국내 또는 국외에서 공지되었거나 공연히 실시된 디자인 또는 반포된 간행물에 게재되었거나 전기통신회선을 통하여 공중이 이용가능하게 된 디자인(이하 "공지디자인"이라 한다) 또는 이와 유사한 디자인은 신규성이 없어 등록을 받을 수 없다.

1) 국내 또는 국외에서 공지(公知)되었거나 공연(公然)히 실시된 디자인

(1) 디자인등록출원 전에 국내 또는 국외에서 공지된 디자인

디자인등록출원 전에 국내 또는 국외에서 공지된 디자인이란 디자인등록출원 전에 디자인의 내용이 불특정 다수인에게 알려질 수 있는 상태로 놓여진 디자인을 말한다. 일반적으로는 '공지

디자인'이란 비밀유지의 의무가 없는 일반 공중에 공개되어 온라인 또는 오프라인을 통하여 열람이 가능한 상태에 놓여진 디자인을 말한다.

등록디자인의 경우 그 설정등록일부터 등록공고일 전까지는 아직 공고되지는 않았지만 불특정 다수인에게 알려질 수 있는 상태에 놓여있기 때문에 공지디자인으로 본다. 이에 대한 대법원의 판례를 보면, "인용의장(디자인)은 1994.2.7. 등록되었고, 1994.3.14. 발행된 의장공보에 게재된 사실, 이 건 고안은 인용의장의 등록일과 공보발행일 사이인 1994.2.28. 출원된 사실을 각 인정할 수 있는바, 위 인정사실에 의하면 인용의장이 게재된 의장공보는 이 건 고안의 출원일 전에 반포된 간행물이라고 할 수는 없어도 인용의장의 설명과 도면에 나타난 고안은 이 건 고안의 출원 전 공지자료는 된다고 할 것이다. … 의장의 등록이 되면 특허청 직원의 의장에 관한 비밀을 유지할 의무가 소멸되므로 의장의 설정등록일을 기준으로 불특정 다수인이 의장의 내용을 객관적으로 인식 가능한 상태에 있다고 보아야 할 것이어서 결국 의장의 등록일 이후에는 당해 의장의 내용은 공지되었다고 봄이 상당하다 할 것이다"고 판시하고 있다.[11]

국제등록디자인은 그 국제등록된 디자인이 공고된 날 공지된 것으로 본다.

11 대법원 1989.7.11. 선고 89후94,100(병합) 판결, 특허법원 1999.6.3. 선고 99허1027 판결.

(2) 디자인등록출원 전에 국내 또는 국외에서 공연히 실시된 디자인

디자인등록출원 전에 국내 또는 국외에서 공연히 실시된 디자인이란 디자인등록출원 전에 불특정 다수인에게 알려질 수 있는 상태로 실시된 디자인을 말한다.

(3) 선행디자인이 공지된 날과 출원된 디자인의 출원일이 같은 경우

선행디자인이 공지된 날과 출원된 디자인의 출원일이 같고, 시·분·초의 선후가 불명확한 경우에는 그 공지를 이유로 신규성이 상실되지 않는다.

2) 국내 또는 국외에서 반포된 간행물에 게재되었거나 전기통신회선을 통하여 공중(公衆)이 이용할 수 있게 된 디자인

디자인등록출원 전에 국내 또는 국외에서 반포된 간행물에 게재되었거나 전기통신회선을 통하여 공중(公衆)이 이용할 수 있게 된 디자인은 다음과 같다.

(1) 간행물에 게재된 디자인

간행물이란 기계적 또는 전기적 인쇄·복제수단에 의하여 제작되어 반포된 문서, 도화 및 사진 등을 말한다.[12] 예로, 공보, 서적, 잡지, 신문, 카탈로그, 팸플릿, CD-ROM, 마이크로필름 등과 같은 것이다. 간행물에 게재된 정도는 그 디자인이 속하는 분야에서 통상의 지식을 가진 자가 그 전체적인 형태를 쉽게 알 수

12 대법원 1992.10.27. 선고 92후377 판결.

있게 표현되어 있으면 충분하고,[13] 출원공개된 디자인 및 등록공고된 디자인은 그 공개일 또는 공고일부터 간행물에 의하여 공지된 것으로 본다.[14] 카탈로그의 경우에 일단 제작되었다면 특별한 사정이 없는 한 반포된 것으로 본다.[15] 여기서 「반포」란 그 간행물이 국내 또는 국외에서 불특정 다수인이 열람할 수 있는 상태에 놓인 것을 의미한다. 간행물의 반포시기는 발행년도만이 기재되어 있는 경우에는 해당 연도의 말일이며, 발행년월만이 기재되어 있는 경우에는 해당 연월의 말일로 추정한다. 선출원이 무효·취하·포기 또는 거절결정이나 거절한다는 취지의 심결이 확정되기 전에 출원공개된 경우에 그 선출원은 간행물에 게재된 디자인에 해당한다.

(2) 전기통신회선을 통하여 공중이 이용가능하게 된 디자인

전기통신회선이란 유선, 무선, 광선 및 기타의 전기·자기적 방식으로 쌍방향 송·수신이 가능한 전송로를 의미한다. 예로 인터넷, 쌍방향 전송 케이블텔레비전 등과 같은 것이다. 공중이 이용가능하게 되었다는 것은 비밀을 준수할 의무가 없는 불특정인이 볼 수 있는 상태에 놓인 것을 말한다. 예로, 인터넷에 링크가 개설되고 검색엔진에 등록되어 공중이 제한 없이 접속할 수 있는 경우이다.

13 대법원 1994.10.14. 선고 94후1206 판결.
14 대법원 2001.07.27. 선고 99후2020 판결.
15 대법원 2000.12.12. 선고 98후 1884 판결.

3) 한 벌의 물품의 디자인, 부분디자인의 신규성 요건

한 벌 물품의 디자인에 대해서는 한 벌 전체로서만 신규성 요건을 판단한다.

부분디자인에 관한 디자인등록출원이 있기 전에 해당 부분디자인과 동일 또는 유사한 부분을 포함하는 전체디자인, 또는 해당 부분디자인과 동일 또는 유사한 부분을 포함하는 부분디자인이 국내 또는 국외에서 공지·공용되거나, 간행물에 게재되거나 또는 전기통신회선을 통하여 공중이 이용할 수 있게 된 경우에는 해당 부분디자인의 출원은 디자인등록을 받을 수 없다.

4) 디자인일부심사등록출원 신규성 판단

디자인일부심사등록출원에 대해서는 등록 전에 신규성을 심사하지 않는다. 다만, 제3자의 정보 제공에 따라 정보 및 증거가 제공된 경우[16]에는 그를 근거로 하여 거절결정을 할 수 있다.

5) 신규성이 상실되는 유형

A디자인 및 a를 포함하는 A디자인이 출원공개, 설정등록 또는 공지된 이후에 출원된 출원디자인 A, A', a, a'디자인은 신규성을 상실한다.

---

16 제55조(정보 제공).

유형	공지디자인 (A, a를 포함하는 A)	출원디자인 (A, A', a, a')
1	완성품 (A)	완성품 (A, A')
2	부품 (A)	부품 (A, A')
3	한 벌의 물품 (A)	한 벌의 물품 (A, A')
4	부분디자인 (A)	부분디자인 (A, A')
5	완성품 (a를 포함하는 A)	부품 (a, a')
6	완성품 (a를 포함하는 A)	부분디자인 (a, a')
7	부품 (a를 포함하는 A)	부분디자인 (a, a')
8	한 벌의 물품 (a를 포함하는 A)	구성 물품 (a, a')
9	부분디자인 (a를 포함하는 A)	부분디자인 (a, a')

3.7. 신규성 상실 예외

1) 신규성 상실 예외 규정 취지

디자인이 공지된 경우 그 공지디자인이 최초에 공지된 날로부터 6개월 이내에 그 공지디자인에 대하여 디자인등록을 받을 수 있는 자가 디자인등록출원을 하면 그 출원디자인의 심사에 있어 그 공지디자인을 공지되지 않은 것으로 본다. 이와 같은 규정은 출원인에 의하여 공지된 디자인을 출원인이 디자인등록출원을 하였을 경우 본인이 공지한 디자인에 의하여 거절하면 출원인에게 너무 가혹하기 때문에 출원인이 공지한 날로부터 6개월 이내에 출원하면 본인에 의해 공지된 디자인에 의해서는 거절하지 않는다는 취지이다.

예1 아래 그림은 본인디자인을 공개한 후 6개월 이내에 본인디자인을 출원한 것이므로 본인의 디자인(A)에 의해서는 거절되지 않는다.

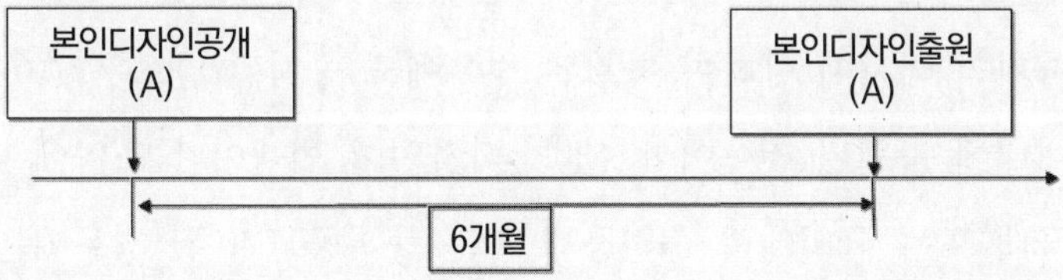

예2 아래 그림은 본인디자인을 공개한 후 6개월 이내에 본인의 디자인을 출원하여 본인의 디자인(A)에 의해서는 거절되지 않지만, 제3자의 공개된 동일디자인에 의하여 거절된다.

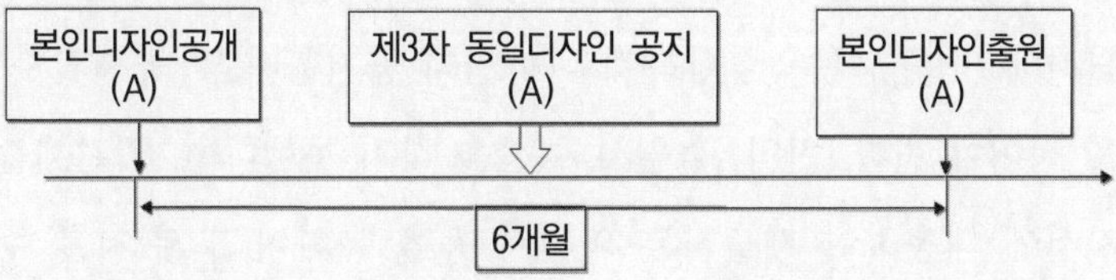

2) 신규성 상실 예외 요건

신규성 상실 예외를 주장할 수 있는 자는 디자인이 공지될 당시 그 디자인에 대하여 디자인등록을 받을 수 있는 권리를 가지는 자가 출원하거나, 또는 공지된 이후 그 권리를 승계한 자가 출원하여야 한다. 디자인의 공지주체가 여러 명일 경우 그 중 1인 이상의 출원인이 포함되어 있어야 한다.

3) 신규성 상실 예외 대상

시기적으로는 디자인이 공지된 날로부터 6개월 이내에 출원된 것이어야 하며, 동일한 디자인이 여러 번 공지된 경우에는 최초 공지일로부터 6개월 이내에 출원된 것이어야 한다. 디자인이 자기의 의사에 반하여 공지된 경우에도 공지된 날로부터 6개월 이내에 출원된 것이어야 한다. 디자인이 법률이나 조약에 따라 국내 또는 국외에서 출원공개 또는 등록공고가 된 경우에는 신규성 상실 예외를 주장할 수 없다. 이는 이미 본인의 디자인이 법률이나 조약에 의해 디자인등록출원을 하였기 때문이다.

4) 신규성 상실 예외 주장 절차

출원할 때 그 취지를 출원서에 적어 주장하여야 한다. 즉, 출원서에 '신규성 주장' 항목에 디자인의 공지형태 및 공지일자 등을 적어야 한다. 만약, 출원시 주장을 하지 못했다면, 의견제출통지서에 대응하여 제출하는 의견서 등을 통하여 그 취지를 주장할 수도 있고, 디자인일부심사등록 이의신청에 대한 답변서 등을 통하여 그 취지를 주장할 수도 있으며, 디자인등록 무효심판에 대응하여 제출하는 답변서 등을 통하여 그 취지를 주장할 수도 있다. 동일한 디자인이 여러 번 공지되어 있는 경우에는 최초의 공지에 대하여 주장하면 충분하다.[17]

신규성 상실 예외 주장이 인정되지 않는 경우에는 특허청으

---

17 특허법원 2008.8.28. 선고 2008허3407 판결.

로부터 불인정예고통지가 발송되며 그 공지된 디자인이 출원디자인에 대한 신규성 또는 용이창작 판단의 근거로 활용되어 출원디자인이 거절될 수 있다.

5) 신규성 상실 예외주장의 증명서류 제출

출원 시에 신규성 상실 예외를 주장하는 경우 출원일(국제디자인등록출원의 경우에는 국제공개일)로부터 30일 이내에 그 증명서류를 제출하여야 하고, 증명서류에는 공지형태, 공지일자, 공지주체 및 디자인도면 등 객관적인 증거사실을 제시하여야 한다. 디자인이 공지될 당시의 디자인등록을 받을 수 있는 권리를 가지는 자와 해당 출원서에 기재된 출원인이 다른 경우에는 공지 이후 그 권리가 승계되었다는 사실을 증명서류에 명시하고 증거를 제시하여야 한다.

기타 의견제출통지서 등에 대한 의견서 등을 통하여 신규성 상실 예외를 주장하는 경우에는 해당 서류에 그 사실을 증명하는 서류를 첨부하여야 한다.

6) 신규성 상실 예외주장 절차 관련 법 개정 의의와 과제

(1) 개정 내용

자신의 공지된 디자인을 일정기간 내에 디자인등록 출원하면 자신의 공지된 디자인에 의해서는 거절되지 않는 신규성 상실[18]

18 노태정·김병진, 디자인보호법, 세창출판사, 2009, 208면.

예외 규정은 구법 제8조(신규성 상실의 예외) 제1항에서 "디자인등록을 받을 수 있는 권리를 가진 자의 디자인이 제5조 제1항 제1호[19] 또는 제2호[20]에 해당하게 된 경우 그 디자인은 그 날부터 6개월 이내에 그 자가 디자인등록출원한 디자인에 대하여 동조 제1항 및 제2항의 규정을 적용함에 있어서는 동조 제1항 제1호 또는 제2호에 해당하지 아니한 것으로 본다."고 규정하고 있고, 제2항에서는 "제1항의 규정을 적용받고자 하는 자는 디자인등록출원시 디자인등록출원서에 그 취지를 기재하여 특허청장에게 제출하고 이를 증명할 수 있는 서류를 디자인등록출원일부터 30일 이내에 특허청장에게 제출하여야 한다. 다만, 자기의 의사에 반하여 그 디자인이 제5조 제1항 각호의 1에 해당하게 된 경우에는 그러하지 아니하다."고 규정하고 있다.[21] 개정법은 제36조(신규성 상실의 예외) 제1항에서 "디자인등록을 받을 수 있는 권리를 가진 자의 디자인이 제33조 제1항 제1호 또는 제2호에 해당하게 된 경우 그 디자인은 그날부터 6개월 이내에 그 자가 디자인등록출원한 디자인에 대하여 같은 조 제1항 및 제2항을 적용할 때에는 같은 조 제1항 제1호 또는 제2호에 해당하지 아니한 것으로 본다. 다만, 그 디자인이 조약이나 법률에 따라 국내 또는 국외에서 출원공개 또는 등록공고된 경우에는 그러하지 아니하다."고 규정하고 있고, 제2항에서는 "제1항 본문을 적용받으

19 디자인등록출원전에 국내 또는 국외에서 공지되었거나 공연히 실시된 디자인.

20 디자인등록출원전에 국내 또는 국외에서 반포된 간행물에 게재되었거나 전기통신회선을 통하여 공중이 이용가능하게 된 디자인.

21 특허청, 디자인심사기준, 2013, 124면.

려는 자는 다음 각 호의 어느 하나에 해당할 때에 그 취지를 적은 서면과 이를 증명할 수 있는 서류를 특허청장 또는 특허심판원장에게 제출하여야 한다.

i. 제37조에 따른 디자인등록출원서를 제출할 때. 이 경우 증명할 수 있는 서류는 디자인등록출원일부터 30일 이내에 제출하여야 한다.

ii. 제63조제1항에 따른 거절이유통지에 대한 의견서를 제출할 때

iii. 제68조제3항에 따른 디자인일부심사등록 이의신청에 대한 답변서를 제출할 때

iv. 제134조제1항에 따른 심판청구(디자인등록무효심판의 경우로 한정한다)에 대한 답변서를 제출할 때"라고 규정하고 있다.

(2) 개정 의의

개정법 제36조 제1항에서는 단서규정을 신설함으로써 디자인등록출원을 하여 국내 또는 국외에서 공개·등록공고된 경우에는 신규성 상실 예외규정에 해당하지 않는 것으로 명확히 하였다. 즉, 디자인등록출원을 하여 법률에 따라 공보에 실린 것은 이미 본인이 디자인등록출원을 마친 것이므로 이와 같은 경우에는 신규성을 상실한 것으로 취급하더라도 출원인에게 불이익이 없기 때문에 적용을 배제하고 있는 것이다. 특허법에서는 "특허를 받을 수 있는 권리를 가진 자에 의하여 그 발명이 제29조 제1

항(신규성) 각 호의 어느 하나에 해당하게 된 경우에 조약 또는 법률에 따라 국내 또는 국외에서 출원공개 되거나 등록공고된 경우를 제외한다."[22]고 규정하고 있다. 이번 법 개정으로 단서규정을 신설하여 특허법과 조화를 이룰 뿐 아니라 신규성 예외규정을 명확히 하였다.

개정법 제36조 제2항에서는 출원인에게 절차상의 편리성을 보다 확대한 것으로서, 구법에서 디자인권의 신규성 상실 예외 주장 취지를 "출원 시"에 반드시 기재해야 하고, 이를 증명할 수 있는 서류를 디자인등록출원일로부터 "30일 이내"에 반드시 제출하여야만 인정받았던 것을 개정법에서는 "디자인등록출원일로부터 30일 이내 제출"하거나, "거절이유통지에 대한 의견서를 제출할 때", 또는 "디자인일부심사등록[23] 이의신청에 대한 답변서를 제출할 때", 또는 "등록무효 심판이 청구되어 이에 대한 답변서를 제출할 때"로 폭넓게 인정하여, 구제도에서 시간과 노력이 투자되어 창작된 디자인을 신규성 상실 예외주장 절차를 지키지 못해 등록받을 수 없게 되는 문제점이 해소되었다.

특허법과 다른 점은 특허법에서는 예외 주장의 취지를 "출원 시"에 반드시 기재해야 하고, 이를 증명할 수 있는 서류를 특허출원일로부터 "30일 이내"에 반드시 제출하여야만 인정되지만,

22 특허법 제30조 제1항 제1호.

23 "디자인일부심사등록"이란 디자인등록출원이 디자인등록요건 중 일부만을 갖추고 있는지를 심사하여 등록하는 것을 말하는 것으로서, 구법의 "무심사등록"에 대한 용어의 혼동, 즉, 무심사를 완전무심사로 오인 혼동하는 것을 방지하기 위하여 개정법에서 "디자인일부심사등록"으로 용어를 변경하였다.

개정법에서 폭넓게 인정되는 점이 다르며, 또한 특허는 발명의 자기공지일로부터 “1년 이내”에 자신의 발명을 특허출원을 해야 하고, 디자인은 “6개월 이내”라는 차이가 있음에 유의할 필요가 있다.

(3) 검토 과제

구법에서 제8조 제2항 단서규정으로 있었던 “자기의 의사에 반하여 공지된 경우”에 대한 규정을 개정법에서 삭제하였다. 구법 제8조 제2항에서 단서규정으로 두고 있는 것은 “자기의 의사에 반하여 공지된 경우”에는 언제 자기의 디자인이 공지된 것인지 정당한 권리자가 정확히 알 수 없는 경우가 대부분이어서 신규성 상실 예외 주장의 취지를 “출원 시”와, 이를 증명할 수 있는 서류를 디자인등록출원일로부터 “30일 이내”로 한정하는 것은 출원인에게 가혹하므로 이와 같은 단서규정을 두었으나, 개정법에서 신규성 상실 예외 주장 기간 및 그 증명서류 제출기간을 폭넓게 인정하고 있으므로 단서규정을 삭제하였다. 다만, 이와 관련한 특허법에서는 “자기의 의사에 의하여 공지된 경우”와 “자기의 의사에 반하여 공지된 경우” 두 가지 경우를 상정하여 보호받을 수 있도록 하고 있음에 비하여, 디자인 개정법에서는 “자기의 의사에 반하여 공지된 경우”를 삭제하여 두 가지 경우를 별도로 구분하지 않고 보호하고 있음에 차이가 있다.

또한, 제3자가 신규성 상실 예외 규정에 해당하는 디자인권임을 알지 못하고 이의신청이나 무효심판을 청구한 경우, 디자인권자는 신규성 상실 예외규정을 이용하여 신규성 상실 예외임을 입증하는 자료를 제출할 것이기 때문에 이의신청 청구인이나 무효심판 청구인은 당연 패소하게 될 것이다. 이와 같이, 디자인권자에게는 신규성 상실 예외 주장 기간을 폭넓게 인정해 주는 것에 비하여, 이의신청인이나 무효심판청구인은 신규성 상실 예외규정에 해당하는 디자인권임을 알지 못하고 이의신청이나 무효심판을 청구하게 되므로 이에 들어가는 시간, 노력, 비용에 대하여 불이익을 받을 우려가 다분히 존재한다. 따라서 이에 대한 법적인 장치가 마련[24]되어야 할 것이다.

한편, 개정법 제36조 제2항에 의하면 신규성 상실 예외에 해당한다는 주장을 디자인등록무효심판에서만 주장이 가능하므로 권리범위 확인심판에서는 당연히 주장할 수 없지만, 침해소송에서도 권리자가 신규성 상실 예외 주장을 할 수 있는지 여부가 문제가 된다. 만약, 신규성 상실 예외 주장이 인정되지 않는다면 피권리자는 이의신청이나 무효심판을 제기하지 않고 곧바로 권리범위 확인심판이나 침해소송을 제기할 것이다. 그렇다면 출원인은 신규성 상실 예외 주장을 출원 시에 해야만 유리하다. 출원일 이후에는 오로지 심사관이나 제3자의 이의신청 또는 무효심판청구가 있어야 주장이 가능하지만 이것을 기대하는 것은 위험부담이 너무 크기 때문이다.[25] 이와 같은 경우 디자인권자는 이

24 예로, 디자인등록무효심판에서 피청구인(권리자)이 승소하더라도 심판비용에 관한 주문에서는 "심판비용은 피청구인이 부담한다."와 같이 하는 경우를 들 수 있다.

25 전광출, 전게서, 6면.

의신청이나 무효심판을 지인(知人)을 통하여 제기하도록 하고 그 답변서를 제출할 수 있는 기간에 신규성 상실 예외 주장을 하면 가능은 하겠지만, 법을 충분히 알지 못하는 경우 이를 활용할 수 없는 문제점이 있다.

3.8. (적극적 등록요건) 창작성

1) 창작성 개념

공지디자인 또는 이들의 결합에 의하거나, 국내 또는 국외에서 널리 알려진 형상·모양·색채 또는 이들의 결합(이하 "주지의 형상·모양 등"이라 한다)에 의하여 그 디자인이 속하는 분야에서 통상의 지식을 가진 자가 용이하게 창작할 수 있는 수준 이상의 디자인이라야 창작성이 있는 디자인으로서 디자인등록을 받을 수 있다.[26] 공지디자인 또는 주지의 형상·모양 등을 거의 그대로 이용하거나 전용한 것 등과 같은 단순모방이 아니라 이들을 취사선택하여 결합한 것으로서 그 디자인을 전체적으로 관찰할 때 새로운 미감을 일으키는 경우에는 창작성이 있는 디자인으로 본다.

2) 창작성 여부 판단기준

디자인의 동일 또는 유사 여부를 판단함에 있어서는 디자인을 구성하는 각 요소를 부분적으로 분리하여 대비할 것이 아니

---

26 제33조(디자인등록의 요건) 제2항.

라 전체와 전체를 대비 관찰하여 보는 사람이 느끼는 심미감 여하에 따라 판단하여야 하고 그 구성요소 중 공지형상 부분이 있다고 하여도 그것이 특별한 심미감을 불러일으키는 요소가 되지 못하는 것이 아닌 한 이것까지 포함하여 전체로서 관찰하여 느껴지는 장식적 심미감에 따라 판단해야 할 것이다.[27] 부분디자인의 용이창작에 관한 판단기준은 전체디자인의 용이창작에 관한 판단기준에 따르되, 전체에서 부분디자인으로 등록받으려는 부분의 기능 및 용도, 위치, 크기, 범위 등을 종합적으로 고려하여 판단한다. 디자인등록 요건인 용이창작으로 등록을 받을 수 없는 디자인에 대하여 고려해야 할 요소는 다음과 같다.

(1) 그 디자인이 속하는 분야에서 통상의 지식을 가진 자(이하 "당업자"라 한다)

당업자란 그 디자인이 표현된 물품을 생산, 사용 등 실시하는 업계에서 그 디자인에 관한 보편적 지식을 가진 자를 말한다.

(2) 주지의 형상·모양 등

주지의 형상·모양 등이란 일반인이 이를 알 수 있을 정도로 간행물이나 TV 등을 통하여 국내에서 널리 알려져 있는 형상·모양 등을 말한다. 주지의 형상·모양 등에 의한 용이창작 규정은 모든 물품에 적용한다. 출원된 디자인의 구성요소 중 주지되지 않은 부분 또는 공지되지 않은 부분이 포함되어 있더라도 그 구성요소가 부가적이거나 창작성이 낮아서 전체적인 심미성에 영향을 거의

27 대법원 2005.6.10, 선고, 2004후2987, 판결.

미친다고 볼 수 없는 경우에는 창작성이 없는 것으로 본다.

예 만화영화나 게임 등의 등장 캐릭터가 방송이나 인터넷 등에서 주기적으로 등장하는 경우, 그러한 캐릭터는 널리 알려져 있는 형상·모양으로 볼 수 있다.

(3) 용이하게 창작할 수 있는 정도

용이하게 창작할 수 있는 정도란 공지디자인의 결합 또는 주지의 형상·모양 등을 거의 그대로 모방하거나 그 가하여진 변화가 단순한 상업적·기능적 변형에 불과하거나 또는 그 디자인 분야에서 흔한 창작수법이나 표현방법에 의해 이를 변경·조합하거나 전용하였음에 불과한 디자인 등과 같이 창작수준이 낮은 디자인을 말한다. 주지의 사각형 천정판 측면에 경사면을 표현한 정도의 것, 주지의 계란모양을 뚜껑과 몸체로 분리하여 과자용기를 만드는 것, 유명캐릭터에 손과 발, 몸통을 약간 변형하여 인형으로 만드는 것은 창작성이 없는 것으로서 등록받을 수 없다. '상업적·기능적 변형'이란 당업자라면 누구나 해당 디자인이 그 물품 또는 기능에 맞도록 하기 위하여 가할 수 있을 것이라고 생각되는 정도의 변화를 말한다.

예 아래 그림은 상업적 변형의 예로서, 캐릭터 자체는 물품이 아니므로 디자인등록을 받을 수 없고, 아래와 같이 잘 알려진 캐릭터를 인형과 같은 물품으로 만들어 디자인등록출원을 하는 경우 디자인등록을 받을 수 없다.

주지의 캐릭터
(디자인이 아님)

"캐릭터"

출원디자인

"인형"

출원디자인

"걸이용 인형"

출원된 디자인이 공지디자인과 대비해서 전체적인 심미감에 차이가 있으나 창작수준이 낮은 경우에는 용이창작에 해당하여 등록받을 수 없다.

예 하나의 공지디자인으로부터 통상의 지식을 가진 자가 용이하게 창작할 있는 경우(특허법원 2005허당6672 판결 참고)

등록디자인(정자)

공지디자인(전통정자)

3) 용이창작 유형

(1) 공지디자인의 결합에 기초한 용이창작

다음과 같이 디자인의 구성요소의 일부분을 다른 디자인으로 치환하는 경우 또는 복수의 디자인을 조합하여 하나의 디자인을 구성하는 것은 용이창작에 해당한다.

다만, 물품의 용도, 기능, 형태 등의 관련성으로 인하여 그 디자인의 결합이 당업자가 용이하게 창작할 수 없다고 판단되는 경우 등록받을 수 있다.

① 디자인의 구성요소 일부분을 다른 디자인으로 치환

예 공지의 시계가 부착된 라디오의 시계부분을 단순히 다른 시계의 형상 등으로 치환한 "시계가 부착된 라디오"

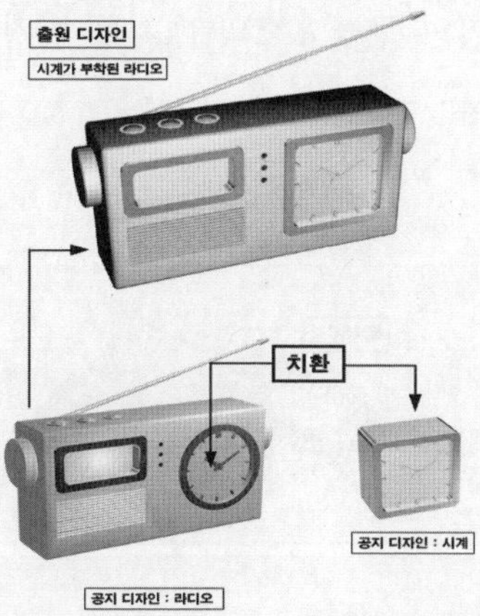

② 복수의 디자인을 조합하여 하나의 디자인으로 구성

예 공지의 책상 형상에 공지의 책꽂이 형상을 부착하여 이루어진 "책꽂이가 부착된 책상"

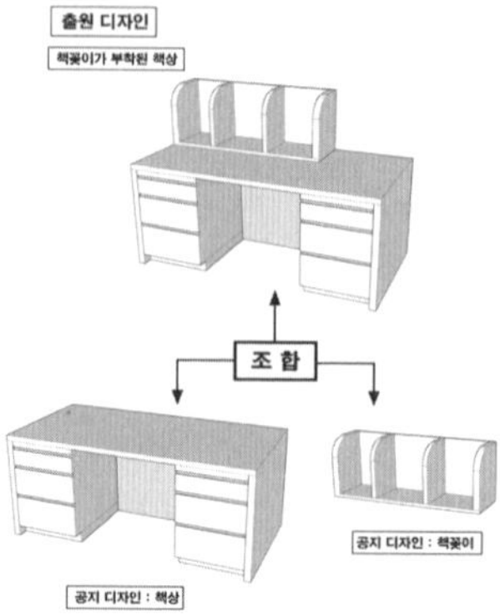

(2) 디자인의 구성요소의 배치변경에 의한 용이창작

예 공지디자인의 구성요소의 배치를 변경한 것에 지나지 않는 "전화기"

(3) 디자인의 구성요소 비율의 변경이나 구성단위 수의 증감에 의한 용이창작

예 공지디자인의 구성단위 수를 달리한 것에 지나지 않는 "벤치"

(4) 주지의 형상·모양·색채 또는 이들의 결합에 기초한 용이창작

주지의 형상·모양·색채 또는 이들의 결합에 기초한 디자인은 용이창작에 해당한다. 다만, 주지의 형상 등에 의한 것일지라도 그 디자인이 속하는 분야에서 통상의 지식을 가진 자가 쉽게 창작할 수 있는 것이 아니면 용이창작으로 보지 아니한다.

① 평면적 형상 예

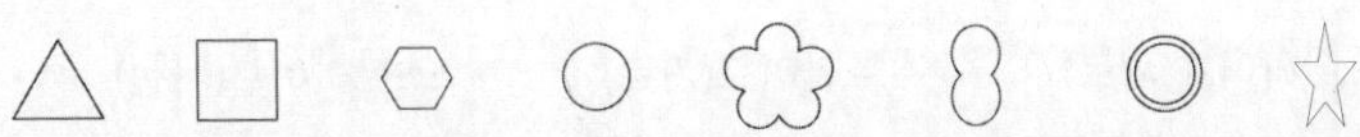

삼각형 사각형 육각형 원형 매화형 누에고치형 반지형 별형

② 입체적 형상 예

삼각기둥 사각기둥 육각기둥

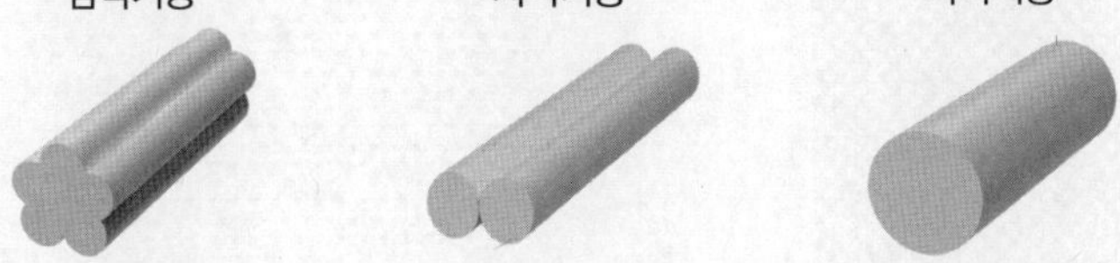

매화형기둥 한 쌍의 원기둥 원기둥

육각통 사각통 매화형통

한 쌍의 원통 삼각통 원통

③ 주지의 모양 예

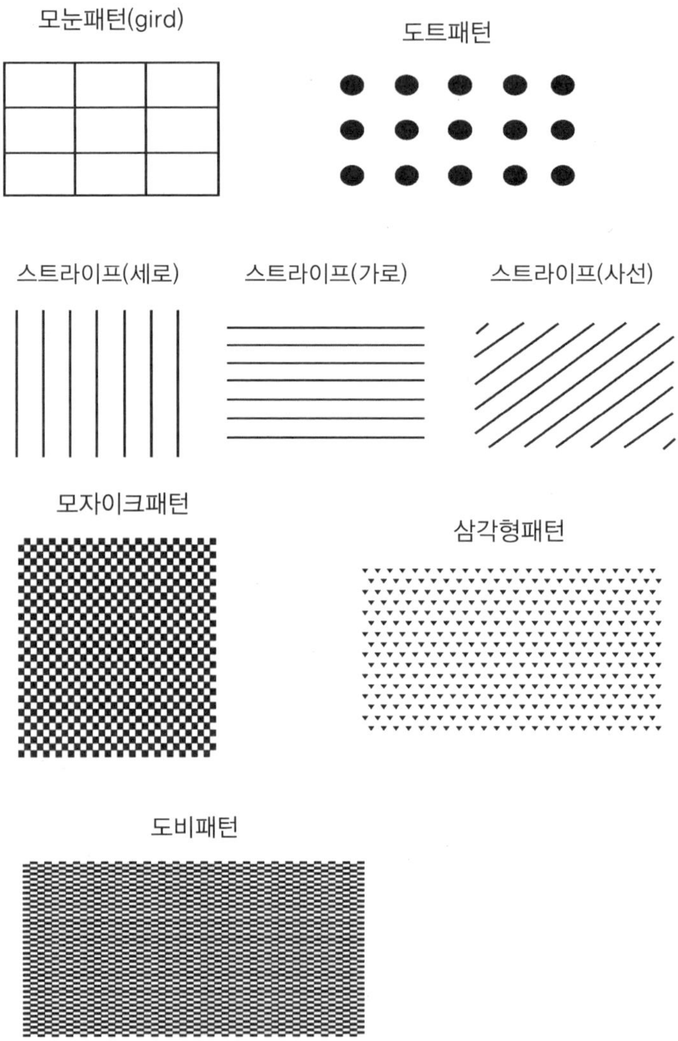

(5) 물품의 전형적인 형상

예 비행기, 자동차, 기차 등의 전형적인 형상

(6) 흔한 모양

예 봉황무늬, 거북등무늬, 바둑판무늬, 물방울무늬 등

(7) 색채

색채가 모양을 이루는 경우에 한하여 판단요소로 하고 단일색으로 표현된 것은 창작성 판단에 영향이 없는 것으로 본다.

(8) 동물, 자연물, 유명한 저작물, 유명한 건축 조형물, 유명한 경치 등

동물, 자연물, 유명한 저작물, 유명한 건축 조형물, 유명한 경치 등을 기초로 한 디자인은 용이창작에 해당하며, 또는 이들의 결합을 기초로 한 디자인 및 지배적 특징들의 결합으로서 창작성이 낮은 경우에도 용이창작에 해당한다.

① 동물, 자연물: 새, 물고기, 말, 꽃잎, 소나무, 나무결, 바위 등. 다만, 자연물이더라도 그 표현방법이 특이한 것은 '주지'가 아니다.

예 꽃잎, 곤충의 발 등 자연물의 일부를 현미경으로 확대하여 본 확대사진 등

② 저작물: 김홍도의 풍속도, 만화 주인공 "뽀빠이" 등 널리 알려진 그림, 조각, 만화, 영화 등

예 디자인의 모티브가 유명캐릭터와 유사한 경우 등

③ 건축 조형물: 남대문, 남산타워, 자유의 여신상, 에펠탑, 불국사, 시드니 오페라 하우스, 올림픽 주경기장 등 널리 알려진 건조물

④ 자연경치: 백두산천지, 후지산, 나이아가라폭포 등 유명한 경치

⑤ 운동경기 또는 각종 행사장면: 삼일절 행사장면, 올림픽경기 개최장면, 축구경기, 배구경기 등 각종 경기의 장면이 사실적으로 표현된 것. 다만, 건축 조형물이나 경치라도 보는 각도에 의하여 특징을 지니도록 표현되어 있으면 '주지'가 아니다.

(9) 주지디자인을 기초로 한 용이창작

다음과 같은 경우에 주지디자인으로서 용이창작에 해당한다고 본다.

① 간행물이나 TV 등을 통하여 널리 알려져 있는 디자인은 '주지디자인'으로 본다.

② 이종 물품간의 디자인의 전용이 당업자에 있어 일반화 되어 있는 경우

예 자동차나 비행기 등의 디자인을 완구나 장치물로 전용하는 것 등

③ 물품의 용도, 기능, 형태 등의 관련성으로 인하여 이종 물품간의 디자인의 전용이 당업자에 있어 상식으로 이루어지는 경우

예 ET 인형의 형상 · 모양을 저금통으로 전용하는 것 등

④ 물품의 형상과 문자로 구성된 디자인에 있어서 형상 및 문자부분이 결합된 전체로서 창작성이 없는 경우

예 고딕체로 거의 그대로 써진 'ET'를 직사각형 형상의 "스티커"로 디자인한 것 등

(10) 공지디자인과 주지의 형상 · 모양 등을 결합한 경우

공지디자인과 주지의 형상 · 모양 등을 결합한 디자인은 용이창작에 해당한다.

4) 창작성 강화 관련 법 개정 의의와 과제

(1) 개정 내용

디자인등록 요건에서 창작성은 구법 제5조 제2항에 "디자인등록출원전에 그 디자인이 속하는 분야에서 통상의 지식을 가진 자가 제1항 제1호[28] 또는 제2호[29]에 해당하는 디자인의 결합에 의하거나 국내에서 널리 알려진 형상·모양·색채 또는 이들의 결

28 디자인등록출원전에 국내 또는 국외에서 공지되었거나 공연히 실시된 디자인.

29 디자인등록출원전에 국내 또는 국외에서 반포된 간행물에 게재되었거나 전기통신회선을 통하여 공중이 이용가능하게 된 디자인.

합에 의하여 용이하게 창작할 수 있는 디자인(제1항 각호의 1에 해당하는 디자인을 제외한다)에 대하여는 제1항의 규정에 불구하고 디자인등록을 받을 수 없다."고 규정하고 있다. 개정법은 제33조 제2항에서 "디자인등록출원 전에 그 디자인이 속하는 분야에서 통상의 지식을 가진 사람이 다음 각 호의 어느 하나에 따라 쉽게 창작할 수 있는 디자인(제1항 각 호의 어느 하나에 해당하는 디자인은 제외한다)은 제1항에도 불구하고 디자인등록을 받을 수 없다."고 규정하고 있다. 제2항 제1호에서는 "제1항 제1호·제2호에 해당하는 디자인 또는 이들의 결합"을 규정하고 있고, 제2호에서는 "국내 또는 국외에서 널리 알려진 형상·모양·색채 또는 이들의 결합"을 규정하고 있다.

(2) 개정 의의

디자인등록 요건에서 창작성은 구법 제5조 제2항에서 디자인등록출원전에 그 디자인이 속하는 분야에서 통상의 지식을 가진 자가 제1항 제1호 또는 제2호에 해당하는 디자인의 결합에 의하거나 국내에서 널리 알려진 형상·모양·색채 또는 이들의 결합에 의하여 용이하게 창작할 수 있는 디자인에 대하여는 제1항의 규정에 불구하고 디자인등록을 받을 수 없다고 규정하고 있는데, 여기에서 "제1항 제1호 또는 제2호에 해당하는 디자인의 결합"에 대하여 두 가지 견해가 있었다. 첫 번째는 제1호 또는 제2호의 각각의 디자인에 의하여 용이하게 창작할 수 있는 경우에는 법 제5조 제2항의 적용을 할 수 없다는 견해이고, 두 번째는 각

호의 디자인의 결합 뿐 아니라 각각의 디자인에 의하여도 용이하게 창작할 수 있는 디자인도 포함하여야 한다는 견해이다. 이에 대하여 대법원의 판결[30]은 '디자인보호법 제5조 제2항은 그 디자인이 속하는 분야에서 통상의 지식을 가진 자가 제1항 제1호 또는 제2호에 해당하는 디자인의 결합에 의하여 용이하게 창작할 수 있는 것은 디자인등록을 받을 수 없도록 규정하고 있는데, 여기에는 위 각 호에 해당하는 디자인의 결합뿐만 아니라 위 디자인 각각에 의하여 용이하게 창작할 수 있는 디자인도 포함된다고 봄이 타당하고, 그 규정의 취지는 위 각 호에 해당하는 디자인의 형상·모양·색채 또는 이들의 결합을 거의 그대로 모방 또는 전용하였거나, 이를 부분적으로 변형하였다고 하더라도 그것이 전체적으로 볼 때 다른 미감적 가치가 인정되지 않는 상업적·기능적 변형에 불과하거나, 또는 그 디자인 분야에서 흔한 창작수법이나 표현방법에 의해 이를 변경·조합하거나 전용하였음에 불과한 디자인 등과 같이 창작수준이 낮은 디자인은 그 디자인이 속하는 분야에서 통상의 지식을 가진 자가 용이하게 창작할 수 있는 것이어서 디자인등록을 받을 수 없다'고 하여 후자의 견해를 따르고 있다.

또한 구법은 '국내'에서 널리 알려진 형상·모양·색채 또는 이들의 결합에 의하여 용이하게 창작할 수 있는 디자인에 대하여 창작성을 인정하고 있지 않고 있다. 즉, '국외'에서 널리 알려진

30 대법원 2010.5.13. 선고, 2008후2800 판결.

형상·모양·색채 또는 이들의 결합에 의하여 용이하게 창작할 수 있는 디자인에 대하여는 창작성을 인정받고 있으므로 창작성에 대하여 국내주의를 채택하고 있었다. 이에 대하여 일본은 '국내 또는 국외'에서 공연히 알려진 형상 모양 또는 색채 또는 이들의 결합에 의하여 용이하게 창작할 수 있는 의장[31]은 창작성이 없는 것으로 하고 있어 국제주의를 채택하고 있다.[32] 개정법에서는 국외에서 널리 알려진 주지의 형상 등도 창작이 용이한 것으로 보아 디자인권으로 보호를 받을 수 없도록 하여 국내 디자인의 창작성을 보다 고양시키고, 모방을 방지하기 위한 사회적 분위기를 조성한 것이다.

(3) 검토 과제

신규성 관련 규정인 개정법 제33조 제1항 제3호에서 규정하고 있는 "제1호 또는 제2호에 해당하는 디자인과 유사한 디자인"과 창작성 관련 규정인 개정법 제33조 제2항 적용 관련하여 다음과 같은 문제점이 있는 것으로 보인다. 우선, 우리나라 법과 유사한 법체계를 가지고 있는 일본법과 비교해 보면, 일본의 창작성 관련 의장법 제3조 제2항은 "의장 출원전에 그 의장이 속하는 분야에서 통상의 지식을 가진 자가 일본 국내 또는 국외에서 공연히 알려진 형상, 모양이나 색채 또는 이들의 결합에 의하

31 일본은 디자인이라고 하지 않고 '의장'이라고 한다. 우리나라는 디자인보호법 [시행 2005.7.1.] [법률 제7289호, 2004.12.31., 일부개정]에서 의장이라는 용어를 국민에게 친숙한 디자인으로 변경하였다.

32 일본 의장법 제3조 제2항.

여 용이하게 의장을 창작할 수 있는 경우에는 전항의 규정에도 불구하고 의장등록을 받을 수 없다."고 규정하고 있어, 용이창작성 판단에서 국내외에서 공연히 알려진 '형상·모양·색채 또는 이들'의 결합에 의하여 용이하게 창작할 수 있는 경우라고 하여 "의장(디자인)[33]"이라는 표현을 사용하지 않고 있다.

즉, 당해 출원디자인이 선행디자인에 의하여 용이하게 창작할 수 있는지 여부를 판단하여 법조항을 적용하고자 할 때, 신규성 관련 규정인 제33조 제1항 제3호의 "제1호 또는 제2호에 해당하는 디자인과 유사한 디자인"과 용이창작성 관련 규정인 제33조 제2항 제1호의 "제1항 제1호·제2호에 해당하는 디자인"에서 법적용의 중복 가능성이 있는 바, 어떠한 법조항을 적용해야 할지 실무상 어려움이 있다.[34] 이러한 실무상의 어려움은 개정법 이전에도 있었으나, 개정법에서 명확히 하였더라면 보다 바람직하였을 것이다. 이와 관련하여 디자인심사기준에서는 출원디자인이 공지디자인이나 주지의 형상 · 모양 등에 의하여 용이하게 창작할 수도 있고, 공지디자인과 동일하거나 유사하기도 한 경우에는 법 제5조(디자인등록의 요건) 제1항(신규성) 각 호를 적용하도록 규정하고 있다.[35]

---

33 법 제2조 제1항 제1호에서 "디자인이란 물품[물품의 부분(제42조는 제외한다) 및 글자체를 포함한다. 이하 같다]의 형상·모양·색채 또는 이들을 결합한 것으로서 시각을 통하여 미감(美感)을 일으키게 하는 것을 말한다."고 규정하고 있다.

34 전광출, "2013 개정 디자인보호법의 주요내용과 실무상 유의점(2014.7.1.시행, 법률 제11848호)", 2면.

35 디자인심사기준 2014.7.1. 149p.

⇒

〈모카포트 (이태리 비알레띠 社, 1933)〉 〈천장등 (등록불가)〉

3.9. (적극적 등록요건) 선출원주의

1) 선출원주의 개념

동일하거나 유사한 디자인에 대하여 '다른 날'에 2이상의 디자인등록출원이 있는 경우에는 먼저 디자인등록출원한 자만이 그 디자인에 관하여 디자인등록을 받을 수 있다. 만약, 동일하거나 유사한 디자인에 대하여 '같은 날'에 2 이상의 디자인등록출원이 있는 경우에는 디자인등록출원인이 협의하여 정한 하나의 디자인등록출원인만이 그 디자인에 대하여 디자인등록을 받을 수 있다. 협의가 성립하지 아니하거나 협의를 할 수 없는 경우에는 어느 디자인등록출원인도 그 디자인에 대하여 디자인등록을 받을 수 없다. 디자인등록출원이 무효·취하·포기되거나 디자인등록거절결정 또는 거절한다는 취지의 심결이 확정된 경우 그 디자인등록출원은 처음부터 없었던 것으로 본다.

2) 선출원 요건

(1) 동일하거나 유사한 둘 이상의 디자인이 다른 날에 출원된

경우에 최초의 디자인등록출원을 한 출원인만이 디자인등록을 받을 수 있다.[36] 단, 관련디자인에 해당하는 경우는 제외한다.[37]

(2) 동일하거나 유사한 둘 이상의 디자인이 같은 날에 출원된 경우에 출원인이 협의하여 정한 하나의 출원인 출원인만이 디자인등록을 받을 수 있다.[38] 다만, 관련디자인에 해당하는 경우는 제외한다.

(3) 선출원주의가 적용되는 유형은 다음과 같은 것들이 있다. 아래 표에서 A디자인과 동일하거나 유사한 타인의 후출원 A, A' 디자인은 A디자인이 설정등록되거나 협의불성립으로 거절결정이 확정된 경우 선출원 규정을 적용한다.

유형	선출원 디자인(A)	후출원 디자인(A, A')
1	완성품	완성품
2	부품	부품
3	한 벌의 물품	한 벌의 물품
4	부분디자인	부분디자인

3) 선출원의 지위를 갖는 출원

당해 출원 보다 후출원된 디자인을 거절할 수 있는 지위를 갖는 선출원을 선출원의 지위가 있는 출원이라고 한다. 즉, 선출원 A1 이후에 후출원 A2가 출원되었을 경우 선출원 A1은 선출원의

36 제46조(선출원) 제1항.

37 제35조(관련디자인) 제1항.

38 제46조(선출원) 제2항.

지위가 있다고 한다. 다만, 모든 경우에 A1이 선출원의 지위를 갖는 것은 아니며, ① 설정등록이 되어 있는 선출원, ② 동일디자인의 같은 날 출원에 의해 협의불성립으로 거절결정 또는 거절한다는 취지의 심결이 확정된 선출원, ③ 2007.6.30일 이전 최초로 디자인등록출원을 한 후 그 출원을 포기하거나 그 출원에 대하여 거절결정 또는 거절한다는 취지의 심결이 확정된 선출원에 대하여만 선출원의 지위가 있다. ③ 에서 2007.6.30일 이전으로 규정하고 있는 것은 2007.7.1일 법이 개정[39]되어 디자인등록출원이 무효·취하·포기 또는 거절결정이나 거절한다는 취지의 심결이 확정된 때에는 그 디자인등록출원은 처음부터 없었던 것으로 본다고 규정하고 있기 때문이다.

4) 선출원주의 적용

(1) 디자인등록출원이 서로 같은 날 동일하거나 유사한 디자인 출원의 경우

① 둘 이상의 동일하거나 유사한 디자인이 같은 날에 서로 다른 사람이 출원한 경우

출원인에게 협의 통지서가 발송되고 협의결과에 따라 정해진 하나의 출원에 대하여만 등록결정 되고, 나머지 출원은 거절결정 된다. 만약, 출원인 간 협의가 성립되지 않거나 불가능한 경우 두 출원은 모두 거절결정 된다. 지정된 기간 내에 협의결과의 신고가 없는 경우에도 협의가 성립되지 않은 것으로 인정되어

39 [시행2007.1.3] [법률 제8187호, 2007.1.3, 일부개정].

모두 거절결정 된다. 둘 이상의 동일하거나 유사한 디자인이 같은 날에 동일인이 출원한 경우에도 마찬가지이다.

② 둘 이상의 유사한 디자인이 같은 날에 동일인이 출원한 경우

이와 같은 경우는 선출원 규정(제46조제2항)을 적용하지 않고, 하나는 단독디자인 출원으로 취급하여 통상의 출원과 같이 심사하고, 나머지는 관련디자인(제35조제1항)에 위반하여 출원한 것으로 취급한다.

(2) 디자인등록출원에 대하여 서로 다른 날 동일하거나 유사한 디자인의 출원의 경우

① 선출원디자인이 다음과 같은 상태에 있는 경우는 후출원에 대하여 심사관이 심사를 하지 않고 심사보류를 한다. i) 선출원 디자인에 관한 디자인권의 설정등록일 이전이거나, ii) 선출원 디자인이 비밀디자인으로 등록된 경우 도면 등이 게재된 공보의 발행일 이전이거나, iii) 동일자출원에 의한 협의불성립에 따라 거절결정 또는 거절한다는 취지의 심결이 확정되기 이전인 상태에 있는 경우. 다만, 국제디자인등록출원은 먼저 거절이유통지를 한 후 심사보류통지를 한다.

② 심사보류된 후출원에 대해서는, i) 선출원 디자인에 관한 디자인권이 설정등록되거나, ii) 선출원 디자인이 비밀디자인으로 등록된 경우에는 도면 등이 게재된 공보의 발행이 되거나, iii) 협의불성립에 따라 거절결정 또는 거절한다는 취지의 심결(선출원 디자인이 2007.7.1일 전에 출원된 경우에는 포기, 거절결정 또는 거절

한다는 취지의 심결)이 확정된 이후에 후출원 디자인에 대하여 심사를 진행한다.

③ 선출원이 무효·취하·포기 또는 거절결정이나 거절한다는 취지의 심결이 확정되기 전에 출원공개된 경우에 그 선출원은 간행물에 게재된 디자인에 해당하여 그 간행물이므로 다른 후출원을 거절할 수 있는 선행디자인이 된다.

④ 선출원에 의한 등록디자인이 무효심판에 계류 중인 경우에는 후출원에 대하여 의견제출통지서와 함께 심사보류통지가 발송되고, 선출원 등록디자인의 무효여부가 확정된 이후에 등록여부가 결정 된다.

3.10. (적극적 등록요건) 확대된 선출원주의

1) 확대된 선출원주의 개념

확대된 선출원주의란 디자인등록출원한 디자인이 그 출원을 한 후에 디자인공보에 게재된 다른 디자인등록출원(그 디자인등록출원일 전에 출원된 것으로 한정한다)의 출원서의 기재사항 및 출원서에 첨부된 도면·사진 또는 견본에 표현된 디자인의 '일부'와 동일하거나 유사한 경우에 그 디자인은 디자인등록을 받을 수 없는 것을 의미한다.[40] 다만, 그 디자인등록출원의 출원인과 다른 디자인등록출원의 출원인이 같은 경우에는 등록받을 수 있다.

---

40 第33조(디자인등록의 요건)제3항.

2) 확대된 선출원주의 요건

(1) 선출원 디자인의 일부와 동일하거나 유사한 후출원 디자인이, i) 선출원 디자인 중에 후출원 디자인에 상당하는 부분이 대비할 수 있을 정도로 충분히 표현되어 있고, ii) 선출원 디자인이 후출원 디자인의 디자인등록출원 후에 출원공개가 되거나 등록공고가 되었고, iii) 선출원 디자인 중 후출원 디자인에 상당하는 부분이 후출원 디자인과 기능 및 용도에 공통성이 있고, 형상 · 모양 · 색채 또는 이들의 결합이 동일하거나 유사한 경우 선출원과 후출원의 출원인이 다르면 확대된 선출원 규정이 적용되어 등록받을 수 없다. 디자인일부심사등록출원에 대해서는 등록결정 전에 확대된 선출원 규정에 대하여는 심사하지 않지만, 제3자에 의한 정보제공이 있는 경우에는 심사에 의하여 거절결정될 수 있다.

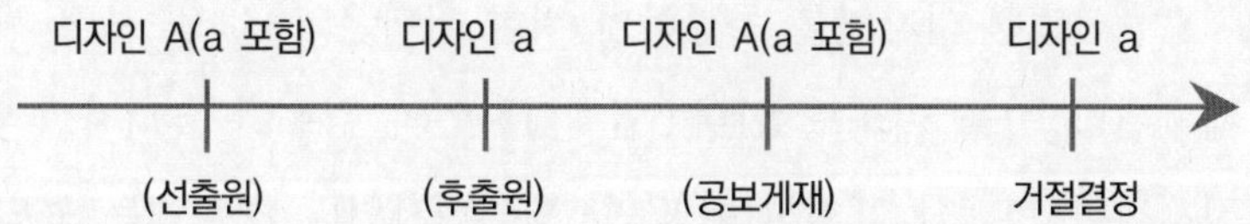

(2) 아래 표는 확대된 선출원의 적용 유형으로서 선출원 디자인(A는 a를 포함)이 출원공개 또는 등록공고되거나 협의불성립으로 거절결정되어 출원공개되기 이전에 출원된 후출원 디자인(a, a')은 확대된 선출원 규정에 의하여 거절 된다.

유형	선출원 디자인 (A는 a를 포함)	후출원 디자인 (a, a')
1	완성품	부품
2	완성품	부분디자인
3	부품	부분디자인
4	한 벌의 물품	구성물품
5	부분디자인	부분디자인

3) 확대된 선출원주의 적용

(1) 확대된 선출원 규정은 선출원 디자인의 출원일 다음날부터 선출원 디자인에 관한 공개디자인공보 또는 등록디자인공보의 발행일까지 출원된 디자인등록출원에 대하여 적용한다. 비밀디자인에 관한 디자인등록공보의 발행일은 도면 등이 게재된 공보의 발행일을 말한다.

(2) 선출원 디자인을 특정하기 위한 판단은 출원 및 보정 시 제출된 도면을 기초로 한다. 입체디자인의 경우에는 디자인의 전체적인 형태를 표현하는 도면, 평면디자인의 경우에는 표면 및 이면의 형태를 표현하는 도면, 글자체디자인의 경우에는 지정글자도면, 보기문장도면 및 대표글자도면을 기초로 하여 적용한다.

(3) 확대된 선출원 규정을 적용할 때에 i) 선출원 디자인이 공개디자인공보 또는 등록디자인공보의 발행일 이전이거나, ii) 선출원 디자인이 비밀디자인으로 등록된 경우 도면 등이 게재된

공보가 발행되기 이전에는 후출원에 대하여 심사보류가 된다. 다만, 국제디자인등록출원은 먼저 의견제출통지서가 발송되고 그 후 심사가 보류된다. 심사보류된 후출원 디자인에 대해서는, 각각 공보가 발행된 날 이후에 심사가 진행된다. 이와 같이 하는 이유는 만약 선출원디자인이 공개되기 전에 거절·취하·포기·무효 등이 되는 경우 후출원이 등록을 받을 수 있기 때문이다.

4) 확대된 선출원주의 적용의 자기출원 예외 관련 법 개정 의의와 과제

(1) 개정 내용

구법 제5조 제3항에 "디자인등록출원한 디자인이 당해 디자인등록출원을 한 날 전에 디자인등록출원을 하여 당해 디자인등록출원을 한 후에 출원공개·등록공고 또는 제23조의6의 규정[41]에 따라 디자인공보에 게재된 타디자인등록출원의 출원서의 기재사항 및 출원서에 첨부된 도면·사진 또는 견본에 표현된 디자인의 일부와 동일하거나 유사한 경우에 그 디자인에 대하여는 제1항의 규정에 불구하고 디자인등록을 받을 수 없다."고 규정하고 있다. 개정법은 제33조 제3항에서 "디자인등록출원한 디자인이 그 출원을 한 후에 제52조[42], 제56조[43] 또는 제90조 제3항[44]에 따라 디자인공보에 게재된 다른 디자인등록출원(그 디자인등록

---

41 거절결정된 출원의 공보게재관련 규정.
42 출원공개관련 규정.
43 거절결정된 출원의 공보게재관련 규정.
44 디자인권의 설정등록관련 규정.

출원일 전에 출원된 것으로 한정한다)의 출원서의 기재사항 및 출원서에 첨부된 도면·사진 또는 견본에 표현된 디자인의 일부와 동일하거나 유사한 경우에 그 디자인은 제1항에도 불구하고 디자인등록을 받을 수 없다. 다만, 그 디자인등록출원의 출원인과 다른 디자인등록출원의 출원인이 같은 경우에는 그러하지 아니하다."고 규정하고 있다.

(2) 개정 의의

개정법의 본 조항은 특허법에 규정되어 있는 확대된 선출원주의 제도와 유사한 것으로 구법에 단서 조항을 더 추가하여 확대된 선출원주의 적용의 자기출원 예외를 인정하고 있는 것이다. 구제도는 전체디자인과 부분디자인의 출원순서에 따라 등록 가부가 결정되므로 후속출원의 경우에는 제대로 보호를 받을 수 없는 문제점이 있었으나, 법을 개정함으로서, 일반적으로 전체디자인이 완성된 후 세밀한 부분디자인이 개발되는 디자인의 개발 실정을 반영하였다. 존속기간 연장 측면에서 볼 때 후출원의 출원시기가 선출원 공개 이전에만 인정되는 것이므로 후출원에 대한 존속기간 연장효과는 그다지 크지 않다고 볼 수 있다.

(3) 검토 과제

특허법에서는 제29조 제3항에서 "특허출원한 발명이 당해 특허출원을 한 날전에 특허출원 또는 실용신안등록출원을 하여 당해 특허출원을 한 후에 출원공개되거나 등록공고된 타특허출원 또는 실용신안등록출원의 출원서에 최초로 첨부된 명세서 또는 도면에 기재된 발명 또는 고안과 동일한 경우에 그 발명에 대하여는 제1항의 규정에 불구하고 특허를 받을 수 없다. 다만, 당해 특허출원의 발명자와 타특허출원의 발명자나 실용신안등록출원의 고안자가 동일한 경우 또는 당해 특허출원의 특허출원시의 특허출원인과 타특허출원이나 실용신안등록출원의 출원인이 동일한 경우에는 그러하지 아니하다."라고 규정하여 선출원과 후출원의 '출원인' 또는 '발명자'가 동일한 경우 모두 확대된 선출원주의 적용의 자기출원 예외가 인정된다. 그러나 디자인보호법에서는 '출원인'이 동일한 경우에만 등록받을 수 있고 '창작자'가 동일한 경우에는 인정받을 수 없는 문제점이 있다.

법 제·개정이유를 보면, "확대된 선출원주의 적용의 자기 출원 예외 인정(안 제33조 제3항 단서신설); 선출원된 디자인의 일부와 동일하거나 유사한 후출원 디자인은 디자인등록출원인의 동일 여부와 상관없이 디자인등록거절결정을 하던 것을 진정한 '창작자를 보호'하기 위하여 그 출원인이 같은 경우에만 디자인등록을 받을 수 있도록 함.[45]"으로 명시하고 있다.

그러나 출원인이 같은 경우에는 보호가 되지만 진정한 '창작자'의 보호에는 미흡하다.[46] 이에 대하여 디자인보호법에서는 창작자가 권리를 양도한 후에 그 창작자가 디자인의 일부에 대해

---

45 법제처, "디자인보호법" 제·개정이유, <http://www.law.go.kr/LSW/lsInfoP.do?lsiSeq=140597&lsId=&efYd=20140701&chrClsCd=010202&urlMode=lsEfInfoR&viewCls=lsRvsDocInfoR#0000>.

46 공경식, 이승훈, 코어디자인보호법, (주)한빛지적소유권센터, 제9판, 2012. 196면.

권리화 하는 것을 인정하게 되면 전체와 부분에 관한 디자인권이 서로 다른 자에게 귀속하는 결과가 되어 권리관계가 복잡하게 되는 결과를 초래하기 때문에 특허법과 달리 창작자를 배제한 것이라는 견해가 있다.[47] 그러나 발명도 거의 대부분 개량발명이며, 발명자가 얼마든지 권리를 양도하고 그 후 당해 발명의 후속 발명의 일부 기술에 대하여 발명자 본인 또는 또 다른 사람에게 권리를 양도하여 권리자가 다른 경우도 발생할 수 있는 것임을 고려할 때, 디자인보호법에서만 창작자에 대한 적용을 굳이 배제할 필요가 없다. 유사권리의 중복성에 있어서는 사인 간에 해결해야 할 문제이기 때문이다.[48]

47 노태정, "2013년 디자인보호법 개정의 개요", 특우회보, 통호 41호(2013.11.), 33면.

48 실제 특허권에 있어서, 권리에 대한 라이센싱을 할 경우 후속 발명, 즉 개량발명에 대하여 누구의 권리로 할 것인지에 대하여 당사자 간에 계약서상에 명시하는 경우가 많다.

제4장 디자인 등록출원

04

디자인 등록출원

4.1. 총칙 및 디자인 등록출원

4.1.1. 총칙

1) 권리능력

(1) 자연인의 권리능력

자연인은 출생에서 사망까지 당연히 법적 인격을 가지기 때문에 디자인에 관하여도 권리 및 의무의 주체가 될 수 있으며, 디자인을 창작한 사람이나 그 승계인은 디자인등록을 받을 수 있는 권리를 가진다. 다만, 특허청 직원이나 특허심판원 직원은 상속이나 유증을 받은 경우를 제외하고는 재직 중에 디자인등록을 받을 수 없다. 2명 이상이 공동으로 디자인을 창작한 경우에는 디자인등록을 받을 수 있는 권리를 공유(共有)로 하여야 한다.

(2) 법인의 권리능력

법인은 디자인에 관하여 자기의 이름으로 권리 및 의무의 주체가 될 수 있다. 법인은 창작의 주체가 될 수 없으므로 디자인을 창작한 사람으로부터 디자인등록을 받을 수 있는 권리를 승계한 경우에만 디자인등록출원인이 될 수 있다.

(3) 국가의 권리능력

국가는 주권을 가진 주체로서 법인격이 있는 것으로 간주되므로 디자인에 관하여도 대한민국 명의로 권리 및 의무의 주체가 될 수 있다. 입법부, 사법부 및 행정부에 속하는 국가기관이나 국립대학교 등은 원칙적으로 법인격이 없기 때문에 디자인등록을 받을 수 있는 권리의 주체가 되지 못한다. 다만, 국립대학교의 산학협력단은 「산업교육진흥 및 산학연협력촉진에 관한 법률」 제25조에 의하여 국립대학에 별도법인으로 설립된 산학협력단은 "국가"에 해당하지 않는 별도의 법인으로 보기 때문에 국립대학교의 직원에 의한 출원은 '국립대학의 산학협력단'으로 출원할 수 있다. 행정기관이 출원하는 경우의 예로, 농림수산식품부의 소속기관인 국립종자원이 디자인을 출원하는 경우에 출원서의 '출원인 성명'란에 '대한민국(국립종자원장)'이라고 기재한다.

(4) 지방자치단체의 권리능력

지방자치단체는 법인격이 인정되므로 디자인에 관하여 권리 및 의무의 주체가 될 수 있다. 지방자치단체는 특별시·광역시·도·시·군 및 구로 구분된다. 지방자치단체인 구는 특별시와 광역시의 관할에 있는 자치구만이 해당되므로 일반 시에 있는 구는 지방자치단체가 아니다.

(5) 외국인의 권리능력

외국인 가운데 재외자(우리나라에 주소나 영업소를 가지지 않은 자)는 우리나라 국민에 대하여 디자인에 관한 권리를 인정하는 국가의 국민이거나 조약에 의하여 디자인에 관한 권리가 인정되는 경우에만 우리나라에서 디자인에 관한 권리능력을 가진다. 외국인 가운데 우리나라에 주소나 영업소를 가진 자는 재내자로서 디자인에 관한 권리능력이 인정된다.

2) 행위능력

(1) 미성년자 등의 행위능력

미성년자 및 피성년후견인은 법정대리인을 통해서만 디자인에 관한 절차를 밟을 수 있다. 미성년자가 혼인에 따라 성년으로 의제된 경우 등 미성년자가 독립하여 법률행위를 할 수 있는 경우에 스스로 디자인에 관한 절차를 밟을 수 있다. 피한정후견인은 원칙적으로 독립하여 디자인에 관한 절차를 밟을 수 있다. 다만, 법원이 법정대리인을 통해서만 법률행위를 할 수 있도록 명령한 사항에 대해서는 그렇지 않다. 행위능력에 흠이 있는 자가 밟은 절차는 보정된 당사자나 법정대리인이 추인하지 않으면 무효로 할 수 있다.

(2) 법인이 아닌 사단 등의 행위능력

종친회, 학회 등의 단체가 실질적으로는 법인의 모습을 띠고 있을지라도 법인설립 등기를 하지 않은 경우에는 법인격이 인정되지 않기 때문에 디자인에 관하여 권리 및 의무의 주체가 되지 못한다. 법인격이 없는 사단이나 재단은 원칙적으로 디자인에 관한 절차를 밟을 수 없다. 다만, 대표자나 관리인을 정한 경우에는 자기의 이름으로 이의신청인, 심판의 청구인·피청구인 및 재심의 청구인·피청구인이 될 수 있다.

(3) 재외자의 행위능력

재외자란 국내에 주소 또는 영업소가 없는 자연인이나 법인을 말하며, 대한민국 국민일지라도 국내에 주소나 영업소가 없으면 재외자에 해당한다. 재외자는 국내에 주소 또는 영업소가 있는 자(디자인관리인)를 대리인으로 선임하거나 자기 또는 법인의 대표자가 국내에 체재하는 경우에만 디자인에 관한 절차를 밟을 수 있다. 재외자가 디자인관리인이 없이 국내에 체재하지 않은 채로 디자인에 관한 절차를 밟기 위하여 서류를 제출한 경우에는 반려의 대상이 된다.

3) 대리인

(1) 법정대리인

법정대리인이란 본인의 의사에 관계없이 법률의 규정에 의하여 대리권이 주어지는 자이다. 법정대리인은 친권자 등과 같이 본인에 대하여 일정한 지위에 있는 자가 당연히 대리인이 되는 경우, 상속재산관리인 등과 같이 법원의 선임에 의한 경우, 지정후견인 등과 같이 본인 이외의 일정한 지정권자의 지정에 의한 경우이다.

법정대리인은 후견감독인의 동의를 얻지 않고 특별수권사항인 출원의 포기·취하, 디자인권의 포기, 신청·청구의 취하, 보정각하결정·거절결정·등록취소결정에 대한 심판청구 또는 복대리인의 선임을 할 수 있으며, 상대방이 청구한 이의신청·심판·재심에 대한 절차를 후견감독인 동의 없이 밟을 수 있다.

(2) 임의대리인

임의대리인은 국내에 주소나 영업소가 있는 자로부터 디자인에 관한 절차를 밟을 수 있는 권한을 위임받은 대리인을 말한다. 일반적으로는 변리사로서 등록한 자가 임의대리인으로 선임되지만, 누구라도 대리행위를 업으로서 하지 않는다면 대리인이 될 수 있다. 임의대리인은 특별히 권한을 위임을 받은 경우에만 출원의 포기·취하, 디자인권의 포기, 신청·청구의 취하, 보정각하결정·거절결정·등록취소결정에 대한 심판청구 또는 복대리인의 선임을 할 수 있다.

(3) 재외자의 디자인관리인

디자인관리인은 재외자가 디자인에 관한 절차를 밟기 위하여 대리인으로 선임한 자로서 국내에 주소 또는 영업소를 가지고 있어야 한다. 디자인관리인은 위임된 권한의 범위에서 디자인에 관한 절차 및 법에 따른 행정청의 처분에 관한 소송에서 본인을 대리하며, 디자인관리인은 특별히 권한을 위임을 받은 경우에만 출원의 포기·취하, 디자인권의 포기, 신청·청구의 취하, 보정각하결정·거절결정·등록취소결정에 대한 심판청구 또는 복대리인의 선임을 할 수 있다.

(4) 대리인의 선임절차

선임된 대리인은 대리권을 증명하기 위하여 위임장을 첨부한 대리인선임신고서를 제출하여야 한다. 대리인을 해임하거나 변경하는 경우에도 신고서를 제출하여야 한다.

4) 기간

(1) 법정(法定)기간

법정기간이란 기간이 법률로 정해져 있는 기간을 말하며, 기간의 만료에 의하여 법률효과가 당연히 발생한다. 법정기간에는 '신규성 상실 예외의 증명서류를 제출할 수 있는 기간', '심판청구 기간' 등이 있다.

(2) 지정기간

지정기간이란 디자인에 관한 절차를 밟는 자에 대하여 특허청장, 특허심판원장, 심판장 또는 심사관이 법에 근거하여 지정하거나 법에 의한 명령에 근거하여 지정한 기간을 말한다. 특허청장·특허심판원장·심판장이나 심사관이 정할 수 있는 기간은 통상 2개월 이내이다. 지정기간에는 심사관이 출원인에게 거절이유를 통지할 때 지정하는 '의견서를 제출할 수 있는 기간' 등이 있다.

(3) 기간의 계산방법

기간을 계산하는 방법에는 자연적 계산법과 달력에 의한 역(曆)법적 계산법이 있다. 자연적 계산법은 일정한 기간을 계산할 때에 인위적으로 더하거나 빼지 않고 순간에서 순간까지 계산하며, 역법적 계산법은 기간을 역법적 단위인 일(日), 주(週), 월(月), 연(年)에 따라 계산하는 것이다. 기간의 계산에는 아래의 계산방법을 우선적으로 적용한다.

① 기간의 초일은 산입하지 않는다. 다만 기간이 오전 영시부터 시작하는 때에는 초일도 산입한다.

② 기간을 월 또는 연으로 정한 때에는 역법적으로 계산한다.

③ 기간을 월 또는 연의 처음부터 기산하지 않는 때에는 최후의 월 또는 연에서 그 기산일에 해당하는 날의 전일에 기간이 끝난다. 다만, 최종의 월에 해당일이 없는 때에는 그 월의 말일에 기간이 끝난다.

④ 디자인에 관한 절차에 있어서 기간의 말일이 공휴일(근로자의 날 포함)인 경우에는 그 다음날에 끝난다. 그러나 기간의 기산일이 공휴일인 경우에는 그 기간은 공휴일부터 시작한다.

⑤ 절차에 관한 기간이 아닌 디자인권의 존속기간 등은 기간의 말일이 공휴일(근로자의 날 포함)이라 하더라도 그 다음 날까지 연장되지 않는다.

(4) 기간의 연장 및 단축

가. 기간의 연장

법정(法定)기간 중에 이의신청이유 등 보정기간 및 심판 청구기간에 한하여 특허청장이나 특허심판원장이 신청에 의하거나 직권으로 1회에 한하여 30일 이내에서 연장할 수 있다. 다만, 교통이 불편한 지역에 있는 자에게는 1회에 한하여 30일 이내에서 추가로 연장할 수 있다. 지정기간에 대하여는 특허청장·특허심판원장·심판장이나 심사관은 신청에 의하거나 직권으로 연장할 수 있다. 지정기일에 대하여는 심판장 또는 심사관이 신청에 따라 또는 직권으로 변경할 수 있다.

나. 기간의 단축

출원인은 지정기간이 경과하기 전에라도 등록 여부에 관한 결정을 받기를 원하는 경우에 신청으로 지정기간을 단축할 수 있다. 출원인이 지정기간단축신청서를 제출하거나 보정서에 기간단축을 원한다는 취지를 적어 제출한 경우에는 그 신청서나 보정서를 제출한 날에 지정기간이 만료된 것으로 본다. 신속하게 권리를 등록 받기 원하면 기간의 단축을 활용하는 것이 바람직하다.

5) 서류의 제출과 송달

(1) 서류제출의 효력발생시기

가. 직접 제출한 경우

서류를 직접 제출하는 경우에는 특허청장 또는 특허심판원장에게 도달한 날부터 그 효력이 발생한다.

나. 우편으로 제출한 경우

서류를 우편으로 제출하는 경우에는 우편물의 날인에 표시된 날에 도달한 것으로 본다. 날인에 표시된 날이 불분명하면 우편물의 수령증에 의하여 증명한 날(접수일)에 도달한 것으로 본다. 디자인권 및 디자인에 관한 권리의 등록신청서류의 경우에는 도달한 날부터 효력이 발생한다.

다. 정보통신망으로 제출한 경우

정보통신망을 이용하여 제출된 전자문서는 제출인이 정보통신망을 통하여 접수번호를 확인할 수 있는 때에 도달된 것으로 본다.

(2) 서류의 송달

가. 우편을 통한 송달

우편으로 송달하는 서류는 우편물의 날인에 표시된 날에 도달한 것으로 본다. 날인에 표시된 날이 불분명한 경우에는 우편물의 수령증에 의하여 증명한 날(배달일)에 도달한 것으로 본다.

나. 정보통신망을 통한 송달

전자문서 이용신고를 한 자에게 서류의 송달을 하려는 경우에는 정보통신망을 이용하여 할 수 있다. 정보통신망을 이용하여 송달한 서류는 받을 자가 자신이 사용하는 전산정보처리조직을 통하여 서류를 확인한 때에 특허청 또는 특허심판원의 발송용 전산정보처리조직의 파일에 기록된 내용으로 도달한 것으로 본다.

다. 재외자에 대한 송달

재외자에게 송달할 서류는 디자인관리인에게 송달한다. 디자인관리인이 없으면 재외자에게 항공등기우편으로 발송되고, 항공등기우편으로 발송한 서류는 발송한 날에 송달된 것으로 본다.

라. 공시송달

주소나 영업소가 불분명하여 송달할 수 없는 때에는 어느 때라도 교부한다는 뜻을 디자인공보에 게재하는 방법으로 공시송달을 하고, 공시송달은 디자인공보에 게재한 날부터 2주일이 지나면 효력이 발생한다.

6) 서류의 반려

출원 또는 서류의 종류가 불명확한 경우, 절차를 밟은 자의 성명 또는 출원인코드, 한글로 적지 않은 경우, 도면이 첨부되지 않은 경우, 디자인의 대상이 되는 물품이 기재되지 않은 경우, 재외자가 디자인관리인에 의하지 않고 제출한 출원서류 등인 경우, 제출기간을 경과하여 제출된 서류인 경우, 1건마다 서류를 작성하지 아니한 경우 등에 해당하는 서류는 적법한 출원서류는 반려된다. 특허청장 또는 특허심판원장은 적법하지 않은 서류에 대하여 반려이유 및 소명기간 등을 적은 통지를 하지만, 이에 대하여는 소명이나 의견을 제출할 수는 있으나 반려이유를 해소하기 위한 보정서의 제출은 허용되지 않는다.

7) 절차의 보완 및 보정

(1) 절차의 보완

가. 보완명령

특허청장은 디자인출원이 ① 디자인등록을 받으려는 취지가 명확하게 표시되지 않은 경우, ② 출원인의 성명이나 명칭이 적혀 있지 않거나 명확하게 적혀 있지 않아 출원인을 특정할 수 없는 경우, ③ 도면이 제출되지 않거나 도면에 적힌 사항이 선명하지 않아 인식할 수 없는 경우, ④ 한글로 적혀 있지 않은 경우 어느 하나에 해당하는 경우에는 기간을 정하여 보완할 것을 명한다.

나. 절차보완서 제출 및 출원일 인정

디자인출원을 보완하려는 경우에는 지정기간 내에 절차보완서를 제출하여야 한다. 지정기간 내에 디자인출원을 보완한 경우에는 절차보완서가 특허청장에게 도달한 날을 출원일로 본다. 복수디자인출원 가운데 일부 디자인에만 보완이 필요한 경우에는 그 일부 디자인에 대한 절차보완서가 특허청장에게 도달한 날을 출원 전체의 출원일로 본다.

다. 반려처분

지정기간 내에 보완을 하지 않은 디자인출원을 부적법한 것으로 보아 반려된다. 복수디자인출원의 경우에는 일부디자인을 보완하지 않은 때에도 출원 전체를 부적법한 것으로 보아 반려된다.

(2) 절차의 보정

가. 보정명령

디자인에 관한 절차에 있어서 ① 행위능력이 없는 자가 밟은 경우, ② 대리권의 범위를 위반한 경우, ③ 방식에 위반된 경우, ④ 수수료를 납부하지 않은 경우 어느 하나에 해당하는 경우에 기간을 정하여 보정을 요구한다.

나. 무효처분

절차에 관한 보정요구에 대하여 지정기간 이내에 보정서가 제출되지 않거나 흠을 치유하지 못한 경우 해당 절차는 무효로 된다.

8) 절차의 중단 및 중지

(1) 절차의 중단

절차의 중단은 특허청이나 절차를 밟는 자의 의사에 관계없이 당사자의 사망 등과 같은 법률에 규정된 사유에 의하여 당연히 발생한다. 절차를 밟을 것을 위임받은 대리인이 존재하는 경우에는 중단사유가 있더라도 절차가 중단되지 않는다. 중단된 절차는 상속인 등과 같이 법률에서 정한 자가 수계하여 밟아야 하며 수계신청은 절차의 상대방도 할 수 있다.

(2) 절차의 중지

특허청장이나 심판관이 천재지변이나 그 밖의 불가피한 사유로 인하여 직무를 수행할 수 없는 경우에는 특허청에 계속 중인 절차는 그 사유가 없어질 때까지 중지된다. 당사자에게 절차를 속행할 수 없는 천재사변의 발생 등 장애사유가 생긴 경우에는 특허청장 또는 심판관은 결정으로 절차의 중지를 명할 수 있다.

(3) 절차의 중단 및 중지의 효과

절차가 중간되거나 중지된 경우에는 기간의 진행이 정지된다. 절차에 대한 수계통지를 하거나 절차를 속행하면 그 때부터 전체기간이 새로이 진행된다.

4.1.2. 디자인등록출원

1) 출원의 구분

(1) 일부심사등록출원

디자인등록의 요건 중 신규성 등에 대하여 심사하지 않는 것을 말한다. 일부심사등록출원을 할 수 있는 것은 디자인보호법 시행규칙 물품류 구분에서 제2류(의류 및 패션잡화 용품), 제5류(섬유제품, 인조 및 천연 시트직물류) 및 제19류(문방구, 사무용품, 미술재료, 교재)에 속하는 물품의 디자인이다.

(2) 심사등록출원

디자인등록 요건을 모두 심사하는 출원을 말한다. 심사등록출원을 할 수 있는 것은 디자인보호법 시행규칙 물품류 구분에서 제2류(의류 및 패션잡화 용품), 제5류(섬유제품, 인조 및 천연 시트직물류) 및 제19류(문방구, 사무용품, 미술재료, 교재)를 제외한 그 이외의 물품류에 속하는 물품의 디자인이다.

2) 출원의 흐름

디자인등록출원서를 특허청에 제출하면 방식심사 → 실체심사 → 거절결정/등록결정 → (등록결정시)설정등록 → 등록공고→ 등록증발급과 같은 순서로 진행된다. 특허제도에는 심사청구제도가 있지만, 디자인제도에는 심사청구제도가 없으므로 출원일 순서로 심사가 진행되며, 출원인이 출원공개를 신청하면 디자인등록출원이 공개된다.[1] 또한 비밀디자인인 경우에도 출원인이 공개를 신청하면 비밀디자인은 공개가 된다.[2] 심사는 성립요건(물품성, 형태성, 시각성, 심미성)과 등록요건(산업상 이용가능성, 신규성, 창작성 등)을 중심으로 심사가 진행되며, 거절이유가 있으면 의견제출통지서가 발송되고, 출원인이 이에 대응하여 의견서/보

---

1 출원공개는 특허와는 달리 출원인의 선택적 사항이다. 제52조(출원공개).

2 제43조(비밀디자인) 제6항.

정서를 제출하여 거절이유가 해소되면 등록결정이 되고 그렇지 않으면 거절결정 된다. 거절결정에 대하여 출원인이 불복할 경우 특허청의 특허심판원에 하고, 특허심판원의 결정에도 불복할 경우 특허법원, 특허법원의 결정에 불복할 경우 대법원에 상고할 수 있다.

일부심사등록출원이 등록결정이 될 경우 누구든지 디자인일부심사등록출원에 따라 디자인권이 설정등록된 날부터 디자인일부심사등록 공고일 후 3개월이 되는 날까지 그 디자인일부심사등록이 등록받을 수 없다는 것을 이유로 디자인일부심사등록 이의신청을 할 수 있다. 이 경우 복수디자인등록출원된 디자인등록에 대하여는 각 디자인마다 디자인일부심사등록 이의신청을 하여야 한다.

아래 그림은 출원에서 등록까지의 흐름도이다.

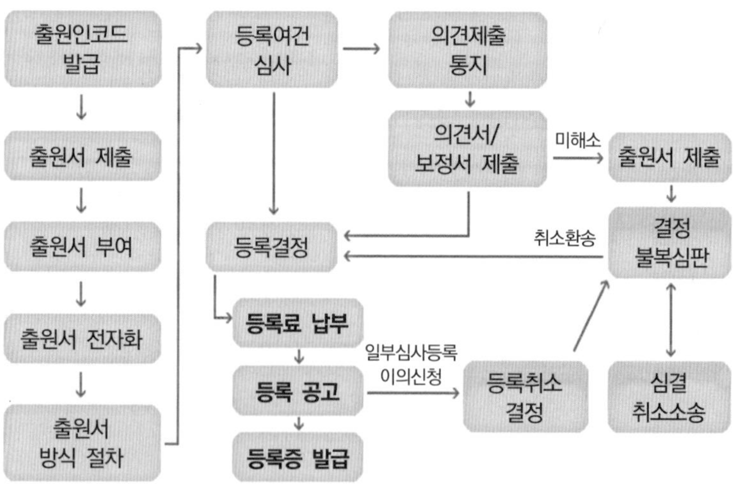

3) 출원서류

출원서 및 이에 첨부된 도면은 디자인의 창작내용을 표현하는 것으로서 창작자 및 출원인을 특정하고 디자인의 구체적인 보호범위를 확정하는 기능을 한다.

(1) 출원서

디자인등록을 받으려는 자는 다음의 사항을 적은 디자인등록출원서를 제출하여야 한다.

· 출원인의 성명 및 주소(법인인 경우에는 그 명칭 및 영업소의 소재지)
· 대리인이 있는 경우에는 그 대리인의 성명 및 주소
· 디자인의 대상이 되는 물품 및 물품류
· 단독출원 또는 관련디자인출원 여부
· 관련디자인출원의 경우에는 기본디자인의 등록번호 또는 출원번호
· 디자인을 창작한 사람의 성명 및 주소
· 복수디자인등록출원 여부
· 복수디자인등록출원인 경우에는 디자인의 수 및 각 디자인의 일련번호
· 조약에 의한 우선권주장을 하고자 하는 경우에는 최초 출원일자 및 출원국명

(2) 도면

출원서에는 각 디자인에 관하여 다음 사항을 적은 도면을 첨부하여야 한다. 도면을 갈음하여 디자인의 사진 또는 견본을 첨부할 수 있다.

· 디자인의 대상이 되는 물품 및 물품류

· 디자인의 설명 및 창작내용의 요점

· 복수디자인등록출원인 경우에는 디자인의 일련번호(국제디자인등록출원의 경우에는 창작내용의 요점을 적지 않을 수 있다)

(3) 디자인의 설명 란의 기재방법

디자인의 설명의 기재사항에 규정된 사항을 적어야 하며, 디자인의 설명란 기재내용에 흠이 있는 경우에는 공업상 이용가능성이 없는 디자인으로 간주되어 거절된다.

(4) 물품명 기재방법

디자인보호법시행규칙의 물품류 구분([표 4-1])에 따라 하나의 물품을 지정하여 적어야 한다. 만약, 「디자인 물품류별 물품목록 고시」에 명칭이 명시되어 있지 않은 물품인 경우에는 그 물품의 디자인을 인식하는 데 적합한 명칭을 적되, 그 물품의 용도가 명확하게 이해되고 일반적으로 사용하는 명칭으로 기재하여야 한다. 물품의 일반화된 명칭이 없으며 그 명칭이 물품의 용도를 최소의 단위로 표현한 것이라면 "○○용 부재" 등의 명칭을 사용할 수 있다.

예 건축용 부재(×), 창틀용 부재(○)

글자체(×), 한글 글자체(○)

도형 등 화상이 일시적으로 표시되는 액정표시판 등의 부품인 경우에는 다음의 예와 같은 명칭을 사용할 수 있다.

예 '화상디자인이 표시된 액정표시판', '화상디자인이 표시된 전자기기 표시판', '화상디자인이 표시된 디스플레이 패널'

물품명의 기재방법은 1디자인 1디자인등록출원 규정에서 정하고 있는 물품류 구분에 따라야 하며 이 규정을 위반한 경우에는 등록받을 수 없다. 다음은 물품명을 잘못 기재한 경우의 예들이다.

① 상표명 또는 ○○식 ○○ 등과 같이 고유명사를 붙인 것

예 홍길동식 타자기 등.

다만, 자동식○○, 접철식○○, 접이식○○, 독립형○○, 회전식○○, 조립식○○, 이동식○○와 같이 보통명칭화 된 것은 가능하다.

② 총괄명칭을 사용한 것

예 저고리를 한복으로 적거나 문짝을 건축용품 등으로 적는 경우 등

③ 구조, 기능 또는 작용 효과를 붙인 것

예 ○○장치, ○○방법, ○○식 등

④ 일부분이 생략된 물품명

예 16밀리 영화촬영기를 단지 16밀리라고 한 것

⑤ 외국문자를 사용한 것. 다만, 외국문자를 괄호 안에 함께 적거나, "LED 전구", "LCD 모니터" 등과 같이 보통명칭화되고 통상적으로 사용되는 경우에는 예외적으로 인정된다.

⑥ 우리나라 말로 보통명칭화되어 있지 아니한 외국어를 사용한 것. 다만, 특허청장이 정하여 고시한 「디자인 물품류별 물품목록 고시」에 따른 물품의 명칭과 이에 상응하는 물품의 명칭 및 [별표 4-2](한 벌의 물품별 구성물품)에 따른 한 벌의 물품의 명칭은 예외로 인정된다.

⑦ 용도를 명확하게 표시하지 않은 것

예 안경용 경첩을 "경첩"이라고만 적은 경우

⑧ 한 벌{[별표 4-2](한 벌의 물품별 구성물품)에 따른 한 벌의 물품의 명칭의 경우는 제외}, 한 세트, 유닛(치과용 유닛 제외), 한 짝, 한 켤레, 1족(足) 등의 명칭을 사용한 것. 다만, "한 벌의 가방 세트" 중 개별 구성물품의 명칭으로 적은 경우에는 한 벌 물품의 명칭으로 인정한다.

예 한 벌의 신발 가방 및 책가방 세트, 한 벌의 여행용 가방 세트

⑨ 형상, 모양, 색채에 관한 명칭을 붙인 것. 다만, 「물품의 액정화면 등 표시부에 표시되는 도형 등」을 디자인의 구성요소로 하고 있는 물품의 명칭은 예외로 한다.

예 화상디자인이 표시된 컴퓨터 모니터, 그래픽사용자인터페이스(GUI)가 표시된 휴대전화기, 아이콘이 표시된 개인휴대용 정보단말기(PDA), 화상디자인이 표시된 디스플레이 패널 등

⑩ 재질 명을 붙인 것

다만, 고무장갑, 고무보트 등과 같이 보통명칭화된 것은 예외로 한다.

예 ○○제 ○○

⑪ 부분디자인에 관한 출원에서 "○○의 부분" 등의 명칭을 사용한 것

예 '컵의 손잡이', '전화기의 버튼부분'

(5) 출원서 및 도면의 지위

디자인의 보호범위는 출원서의 기재사항, 첨부된 도면·사진·견본 및 도면에 기재된 디자인의 설명에 의하여 정하여진다.

4) 디자인물품 분류제도

(1) 디자인분류

우리나라는 2014.7.1일부터 국제디자인등록출원제도가 시행됨에 따라 산업디자인의 국제분류(로카르노 분류 10판)를 사용하고 있다.[3] 로카르노 분류 10판은 32개류 219개 군에 7,157개의 물품목록을 포함하고 있다. 디자인등록출원시에는 출원서의 [물

품류] 기재란에 디자인 물품류별 물품목록을 참고하여 국제분류의 류(Class)를 기재하여야 한다. 디자인 물품류별 물품목록은 로카르노와 한국분류의 물품명칭을 합한 것으로 약 12,550개의 물품명칭이 수록되어 있다. 현재 국제분류는 관리적 목적으로만 사용되며 심사관 등이 선행디자인 검색 등 실체심사 시에는 한국분류를 기준으로 함에 유의하여야 한다. 아래 표는 현재 사용하고 있는 로카르노 분류표이다. 다만, 로카르노 분류 제32류에 있는 '그래픽 심벌, 로고, 표면 문양 및 장식'은 우리나라 디자인보호법에서는 아직 도입이 되지 않은 디자인이므로 디자인보호법 시행규칙의 <표 4-1>에 있는 분류대로 제31류까지만 보호를 하고 있다.

표 4-1. 로카르노 분류표[4]

제1류의 범위	식 품	
제1류에 속하는 물품군	01	빵, 비스킷, 패스트리, 마카로니, 그 밖의 가공곡물, 초콜릿, 과자류, 빙과류
	02	과일, 야채
	03	치즈, 버터 및 버터대용품, 그 밖의 유제품
	04	육류(돼지고기제품 포함), 생선
	05	
	06	동물용 사료
	99	그 밖의 식품

---

3 제40조제2항에 근거한 동법 시행규칙 제38조제1항 및 [별표 4].

4 로카르노 분류 제32류는 '그래픽 심벌, 로고, 표면 문양 및 장식'까지 있지만, [표]에서는 우리나라 분류표에서 인정하고 있는 제31류까지만 나타냈다.

제1류의 범위	식 품	
제2류의 범위	의류 및 패션잡화 용품	
제2류에 속하는 물품군	01	내의, 란제리, 코르셋, 브래지어, 잠옷
	02	의류
	03	모자류
	04	신발류, 양말 및 스타킹
	05	넥타이, 스카프, 목도리 및 손수건
	06	장갑
	07	패션잡화 및 의류 액세서리
	99	그 밖의 의류 및 패션잡화 용품
…		
제31류의 범위	다른 류에 명기되지 않은 음식 또는 음료 조리용 기계 및 기구	
제31류에 속하는 물품군	00	다른 류에 명기되지 아니하는 음식 또는 음료 조리용 기계 및 기구

(2) 한국분류

한국분류는 2014.6.30일까지 우리나라의 공식분류로 사용된 것으로 2014.7.1일부터는 선행디자인심사를 목적으로만 활용되고 있다. 디자인분류의 체계는 군 > 대분류 > 중분류 > 소분류로 나뉘어 있으며, 필요에 따라 소분류 아래 형태분류를 두고 있다. 군은 13개 군(알파벳 I를 제외한 A부터 N까지, A(제조식품 및 기호품), B(의복 및 신변품), C(생활용품) 등……)으로 소비재적인 물품분야에서 생산재적인 물품분야 순서로 배열되어 있다. 아래 표는 한

표 4-2. 한국분류표(군 별)

A : 제조식품 및 기호품	H : 전기전자기계기구 및 통신기계기구
B : 의복 및 신변	J : 일반기계기구
C : 침구, 조리용구 등 생활용품	K : 산업용기계기구
D : 주택설비용품	L : 토목건축용품
E : 취미오락용품 및 운동경기용품	M : 직물지 등 기타의 기초제품
F : 사무용품 및 판매용품, 광고용구	N : 타군에 속하지 않는 기타의 물품
G : 운수 또는 운반기계	

국분류표이다.

① 대분류는 군에 속하는 물품을 용도별로 75개로 다시 세분하고 있다. 군내에서 분류기호는 0에서 9까지 한 자리 숫자로 표현한다. 예로, B1(의복), B2(복식품), B3(신변품) 등과 같이 표시한다.

② 중분류는 대분류를 다시 세분하여 469개 중분류로 나누고 있다. 10, 20, 30 등과 같이 10의 배수로 구성, 예외적으로 한 자리 숫자로 구성된다. 예로, B1-10(양복 및 한복), B1-20(일본 옷, 중국 옷), B1-5(수영복) 등과 같이 표시한다.

③ 소분류는 선행디자인 검색의 기본단위로서 3,581개로 나누고 있다. 중분류 내 물품을 단위물품별로 구분하여 5자리 이내의 숫자로 구성된다. 예로, B1-111(신사복), B1-114(양복조끼), B1-115(잠바 등) 등과 같이 표시한다.

④ 형태분류는 선행디자인이 많은 소분류를 다시 형태별로

세분한 것으로 선행디자인 검색 효율성을 기하기 위해 만들어졌다. 소분류내의 단위물품을 형태별로 세분류한 것으로 분류기호는 소분류 다음에 알파벳을 부가하여 표현한다. 예로, B1-62(언더셔츠), B1-62A(언더셔츠, 소매부착형), B1-62B(언더셔츠, 런닝형) 등과 같이 표시한다.

5) 디자인등록출원절차 보완제도 도입 관련 법 개정 의의와 과제

구법에서는 출원서류에 중대한 하자가 있는 경우 이와 관련한 보완명령 규정이 없으나, 개정법에서는 제38조(디자인등록출원일의 인정 등)를 신설하여 출원일의 인정과 관련된 하자가 있는 경우 출원서 자체를 반려하지 않고 상당한 기간을 정하여 보완할 것을 명하고 보완명령을 받은 자가 지정기간 내에 디자인등록출원을 보완하면 그 절차 보완서가 특허청장에게 도달한 날을 출원일로 인정하도록 하였다. 지정기간 내에 보완을 하지 않으면 그 디자인등록출원은 부적법한 출원으로 보아 반려할 수 있도록 하였다. 출원일 인정과 관련된 하자는 디자인등록을 받으려는 취지가 명확하게 표시되지 아니한 경우, 디자인등록출원인의 성명이나 명칭이 적혀 있지 아니하거나 명확하게 적혀있지 아니하여 디자인등록출원인을 특정할 수 없는 경우, 도면·사진 또는 견본이 제출되지 아니하거나 도면에 적힌 사항이 선명하지 아니하여 인식할 수 없는 경우, 한글로 기재되어 있지 않은 경우를 말한다.

이로서 개정법에서는 출원서류에 중대한 하자가 있는 경우

출원서류 전체를 반려해야 하는 불편을 해소하였고, 출원일 인정에 영향을 미칠 수 있는 중대한 하자를 열거적으로 규정하여 선출원주의 하에서 출원인의 권익을 보다 확실하게 보호할 수 있게 되었으며,[5] 상표법[6] 및 헤이그 협정 등 국제규범과 조화를 이루게 되었다. 다만, 지정기간 내에 보완을 하였으나 보완이 적법하지 않은 경우 재차 보완명령을 할 것인지, 부적법한 출원으로 보아 반려할 것인지 등 어떻게 처리해야 하는지에 대하여는 명확하게 명시하지 않고 있어서 향후 법 개정시 고려하여야 할 것이다.

6) 수수료 반환대상 확대 관련 법 개정 의의

수수료에 관한 규정에서 구법은 우선권주장 신청료의 반환에 대해 규정하고 있지 않지만, 개정법에서는 제87조 제1항에서 "납부된 등록료 및 수수료는 다음 각 호의 어느 하나에 해당하는 경우에는 납부한 자의 청구에 의하여 반환한다."고 규정하고, 제1항 제3호에서 "디자인등록출원 후 1개월 이내에 그 디자인등록출원을 취하하거나 포기한 경우 이미 낸 수수료 중 디자인등록출원료 및 우선권주장 신청료. 다만, 다음 각 목의 어느 하나에 해당하는 디자인등록출원의 경우에는 그러하지 아니하다."고 규정하고 있고, 제3호의 다목에서는 "심사관이 제63조에 따라 거절이유를 통지하거나 제65조에 따라 디자인등록결정을 한 디자

5 국회 산업통상자원위원회, 전게서, 26면.

6 상표법 제9조의2(출원일의 인정 등).

인등록출원"에 해당하는 경우는 수수료를 반환하지 않는다고 규정하고 있다. 이에 따라 우선권주장 신청료의 반환과 관련하여, 상표법[7] 및 특허법[8]에 출원 후 1개월 이내에 출원을 취하·포기하는 경우 우선권주장 신청료를 반환하도록 하는 규정과 조화를 이루게 되어 산업재산권 제도의 형평성 및 통일성을 기하게 되었다.

또한, 개정법 제87조 제1항 제3호 다목의 단서에서 심사관이 거절이유를 통지하거나 디자인등록결정을 한 경우에는 수수료를 반환하지 않도록 추가하고 있는데, 이는 디자인일부심사출원의 경우에는 조기심사착수를 하므로 출원일 후 1개월 이내에 도면 및 부등록사유 등에 관한 심사가 이루어지게 되고 그 심사결과에 대하여 거절이유를 통지하거나 등록결정을 하기 때문이다. 따라서 이와 같은 경우 심사비용인 수수료는 반환하지 않는 것이 타당하다.

4.2. 출원의 공개

1) 출원공개의 신청

디자인등록출원인은 자기의 디자인등록출원에 대한 공개를 출원인의 의사에 따라 신청할 수 있으며, 별도로 공개신청을 하지 않으면 디자인이 등록되어 등록공보가 발행되기 전까지는 공

7 상표법 제38조(상표등록료 등의 반환).
8 특허법 제84조제1항(수수료 등의 반환).

개가 되지 않는다. 만일 거절결정이 되는 경우 공개되지 않고 처음부터 없었던 것으로 된다. 특허제도에서 1년6개월이면 강제로 공개되는 것과는 서로 다름에 유의해야 한다.

디자인등록출원에 대한 공개를 신청하려면 디자인등록출원 공개신청서를 특허청장에게 제출하여야 한다. 다만, 디자인등록출원과 동시에 공개를 신청하려는 경우에는 디자인등록출원서에 그 취지를 기재하면 된다.

2) 출원공개의 구분

(1) 출원인의 신청에 의한 출원공개

출원인은 자기의 디자인등록출원에 대한 출원공개를 신청할 수 있으며, 복수디자인등록출원의 경우 출원공개신청은 디자인의 전부 또는 일부에 대하여 할 수 있다. 출원공개신청은 그 출원에 대한 최초의 등록여부결정의 등본이 송달된 후에는 할 수 없다. 비밀디자인에 있어서는 출원공개신청이 있는 경우에 비밀디자인청구는 철회된 것으로 본다.

(2) 협의 불성립에 의해 거절결정된 출원에 의한 출원공개

동일하거나 유사한 디자인에 관하여 같은 날에 출원된 2이상의 디자인등록출원에 대하여 등록받을 하나의 디자인을 정하기 위한 협의가 성립하지 않거나 협의를 할 수 없어 거절결정이 확정된 출원은 특허청장이 공개한다. 이와 같이 공개를 하는 이유는, 공개를 하면 공개된 디자인이 선행디자인이 되므로 만약 어느 한 출원인이 다시 출원을 할 경우 공개된 선행디자인의 존재에 의하여 디자인등록을 받을 없도록 하기 위함이다.

3) 공개디자인공보

출원공개신청이 있는 디자인등록출원은 그 출원에 관한 사항이 공개디자인공보에 게재되며, 같은 날에 디자인등록출원 된 2 이상의 동일 또는 유사한 디자인에 대하여 협의가 성립하지 아니하거나 협의를 할 수 없어서 거절결정이나 거절한다는 취지의 심결이 확정된 경우에는 그 출원에 관한 사항이 공개디자인공보에 게재된다.

디자인일부심사등록된 비밀디자인에 대한 디자인일부심사등록 이의신청의 경우에는 해당 디자인의 도면 또는 사진, 디자인의 설명 및 창작내용의 요점이 게재된 등록디자인공보가 발행된 날을 그 디자인등록공고일로 본다.

4) 출원공개의 효과

(1) 서면 경고

디자인등록출원인은 출원공개가 있은 후 그 디자인등록출원된 디자인 또는 이와 유사한 디자인을 업(業)으로서 실시한 자에게 디자인등록출원된 디자인임을 서면으로 경고할 수 있다.

(2) 보상금 지급 청구권

경고장을 받거나 출원공개된 디자인임을 알고 그 디자인등록출원된 디자인 또는 이와 유사한 디자인을 업으로서 실시한 자에게, 그 경고장을 받거나 출원공개된 디자인임을 안 때부터 디자인권의 설정등록 시까지의 기간 동안 그 등록디자인 또는 이와 유사한 디자인의 실시에 대하여 통상적으로 받을 수 있는 금액에 상당하는 보상금의 지급을 청구할 수 있다.

(3) 보상금 지급 청구권 행사

보상금 지급 청구권은 그 디자인등록출원된 디자인에 대한 디자인권이 설정등록된 후가 아니면 행사할 수 없다. 따라서 i) 디자인등록출원이 포기·무효 또는 취하된 경우, ii) 디자인등록출원에 대하여 디자인등록거절결정이 확정된 경우, iii) 이의신청에 의하여 디자인등록취소결정이 확정된 경우, iv) 디자인등록을 무효로 한다는 심결이 확정된 경우에는 청구권은 처음부터 발생하지 않는 것으로 본다.

보상금 지급 청구권 행사는 디자인권의 행사에 영향을 미치지 않는다. 즉, 보상금 지급 청구권 행사를 했다고 하더라도 디자인권을 침해했다면 침해에 대한 권리 행사를 별도로 할 수 있다.

5) 출원공개의 취하 및 예외

디자인에 관한 절차를 밟는 자가 출원공개 신청을 취하하려는 경우에는 디자인등록출원공개신청서를 제출한 날부터 10일 이내에 취하서를 제출하여야 한다.

출원된 디자인에 나타나는 의미나 내용 등이 일반인의 통상적인 도덕관념인 선량한 풍속에 어긋나거나 공공질서를 해칠 우려가 있는 경우에는 출원공개를 하지 않을 수 있으며, 이 경우에는 그 취지와 이유가 출원인에게 통지된다.

4.3. 선출원주의

동일하거나 유사한 디자인에 대하여 다른 날에 2이상의 출원이 있는 경우에는 먼저 출원한 자만 그 디자인에 관하여 등록을 받을 수 있는 것을 선출원주의라고 한다. 동일하거나 유사한 디자인에 대하여 같은 날에 2이상의 출원이 있는 경우에는 출원인이 협의하여 정한 하나의 출원인만이 그 디자인에 대하여 등록을 받을 수 있다. 협의가 성립하지 않거나 협의를 할 수 없는 경우에는 어느 출원인도 그 디자인에 대하여 등록을 받을 수 없다. 디자인등록출원이 무효·취하·포기되거나 디자인등록거절결정 또는 거절한다는 취지의 심결이 확정된 경우 그 디자인등록출원은 선출원주의를 적용할 때에는 처음부터 없었던 것으로 본다.

4.4. 조약에 따른 우선권주장

1) 우선권주장 개요

외국에 출원한 후 동일한 디자인을 대한민국에 출원하여 우선권을 주장한 경우에는 그 디자인에 대하여 신규성 및 선출원의 요건을 적용할 때에 외국에 출원한 날을 대한민국에 출원한 날로 본다. 마찬가지로 대한민국에 디자인등록출원을 하고 6개월 이내에 외국에 출원하는 경우도 동일하다. 우선권을 주장하려는 자는 우선권 주장의 기초가 되는 최초의 출원일부터 6개월 이내에 디자인등록출원을 하여야 하며, 디자인등록출원을 할 때 출원서에 그 취지와 최초로 출원한 국명 및 출원연월일을 적어야 한다. 또한 최초로 출원한 국가의 정부가 인정하는 출원연월일을 적은 서면 및 도면의 등본을 디자인등록출원일부터 3개월 이내에 제출하여야 한다.

2) 우선권주장 요건

(1) 우선권주장을 할 수 있는 자

우선권 주장을 할 수 있는 자는 우선권 주장의 기초가 되는 최초 출원의 출원인과 동일하여야 한다. 출원인이 동일하지 않은 경우에는 디자인등록을 받을 수 있는 권리를 승계한 사실을 증명할 수 있는 서류를 제출하여야 한다. 예로, 제1국 최초출원의 출원인이 2명이고 우리나라 출원의 출원인이 1명일 경우에는 디자인등록을 받을 수 있는 권리의 지분을 양수한 사실을 증명하여야 한다.

(2) 우선권주장의 적용대상

우선권주장의 기초가 되는 최초의 출원은 디자인등록출원, 특허출원 또는 실용신안등록출원이어야 한다.[9] 우선권주장의 대

[9] 공업소유권 보호를 위한 파리협약 제4조A.1. 참고

상이 되는 출원은 최초의 출원을 기초로 우선권주장을 하면서 최초의 출원일로부터 6개월 이내에 우리나라에 출원한 것이어야 한다.

(3) 우선권주장의 기초가 되는 디자인과 우리나라에 출원된 디자인의 동일성 판단

출원의 형식이나 디자인을 표현하는 방식과 관계없이 우선권 증명서류에 표현된 디자인 가운데 우리나라에 출원된 디자인과 실질적으로 동일한 디자인이 포함되어 있으면 된다. 최초출원 디자인의 물품명칭과 우리나라 출원디자인의 물품명칭이 다르더라도 우선권 증명서류의 기재내용을 종합적으로 고려하여 판단할 때, 출원디자인이 적용되는 물품의 용도·기능이 실질적으로 동일하면 물품의 동일성을 인정한다. 여러 개의 우선권주장에 기초한 디자인들을 결합하여 구성한 디자인을 우리나라의 출원서에 표현한 경우에는 디자인이 동일한 것으로 인정되지 않는다. 예로, 제1국 출원이 "손목시계 본체"에 관한 디자인이고, 제2국 출원은 "손목시계 줄"에 관한 디자인인데, 우리나라의 출원서에는 완성품에 관한 디자인인 "손목시계"를 표현하였다면 동일성이 없어 우선권주장 인정을 받을 수 없다. 또한, 우선권증명서류에 표현되어 있는 디자인이 완성품의 디자인인 경우에, 우리나라의 출원서에 그 완성품을 구성하는 하나의 부품에 관한 디자인을 표현하였다면 디자인의 동일성이 인정되지 않으며, 우선권증명서류에 표현되어 있는 디자인이 전체디자인에 관한 출원인데 우리나라에 부분디자인으로 출원한 경우 디자인의 동일성이 인정되지 않는다. 우선권증명서류에 포함된 도면 중 참고도면에 해당하는 도면에 표현되어 있는 디자인을 우리나라에 출원한 경우에는 디자인의 동일성이 인정되지 않는다.

3) 우선권주장의 방식

우선권 주장의 기초가 되는 최초 출원의 출원일로터 6개월 이내에 우리나라에 출원하여야 하며, 출원할 때 출원서에 우선권주장의 취지, 최초로 출원한 국가명 및 출원연월일을 기재하여야 한다. 우선권 주장의 취지를 증명할 수 있는 서류를 출원일로부터 3개월 이내에 제출하여야 한다. 우선권주장에 관한 서류 중 도면의 기재내용이 디자인등록출원서상의 도면과 동일한 부분에 대해서는 국어번역을 생략할 수 있다.

4) 우선권주장의 효과

우선권주장이 인정된 디자인등록출원에 대해서는 디자인등록의 요건 및 선출원 규정을 적용할 때 우선권주장의 기초가 되는 출원의 최초 출원일을 우리나라에 출원한 날로 본다. 우선권주장이 인정된 디자인등록출원은 우선권주장기간 이내에 출원된 다른 디자인등록출원이나 공지된 디자인 등에 의하여 거절결정이 되지 않는다.

4.5. 디자인출원의 형태

4.5.1 디자인일부심사등록 출원

1) 디자인일부심사 개요

우리나라는 디자인출원에 대하여 형식적 요건뿐만 아니라 신규성 등 실체적 요건에 대하여 심사하여 디자인권을 부여하는 심사주의를 원칙으로 하고 있다. 그러나 디자인 창작이 활성화되고 출원량이 증가함에 따라 창작된 디자인이 신속히 권리화되지 못하는 문제가 대두되어, 유행성이 강하고 Life cycle이 짧은 일부 물품에 대하여 1998.3.1일 무심사등록제도를 도입하였고, 2014.7.1일부터 명칭을 일부심사로 변경하여 운영하고 있다.

2) 대상물품

디자인일부심사등록출원[10]으로 할 수 있는 물품의 범위는 ① 제2류(의류 및 패션잡화 용품), ② 제5류(섬유제품, 인조 및 천연 시트 직물류), ③ 제19류(문방구, 사무용품, 미술재료, 교재) 물품류 중 어느 하나에 속하는 물품이다. 일부심사출원을 할 수 있는 물품류에 속하지 않는 물품이 일부심사출원된 경우에는 등록을 받을 수 없다.[11] 반대로, 일부심사출원을 할 수 있는 물품류에 속하는 물품이 심사출원된 경우에도 등록을 받을 수 없다. 따라서 출원

---

10 디자인보호법에서는 2014.7.1.부터 과거 디자인무심사등록출원을 디자인일부심사등록출원으로 용어를 변경하였다.

11 제37조(디자인등록출원) 제4항.

하고자 하는 디자인 물품류가 일부심사출원 물품류에 속하는 경우 반드시 디자인일부심사등록출원으로 출원하여야 한다. 로카르노분류 기준으로 3개의 분류만이 디자인일부심사등록출원에 해당한다.

3) 디자인일부심사 등록 후 이의신청제도

(1) 개요

디자인일부심사제도에 의해 등록된 디자인은 실체적 등록요건을 심사하지 않고 등록된 것이므로 실체적 등록요건이 결여된 디자인이 다수 존재할 가능성이 있다. 이를 위해 간편한 행정절차에 의하여 등록을 취소시킬 수 있도록 디자인일부심사등록 이의신청제도를 두고 있다.[12] 따라서 디자인일부심사 이외 심사제도에 의해 출원된 디자인은 이의신청제도가 없다.

일부심사로 등록된 디자인권에 대하여는 누구든지 설정등록이 있는 날부터 디자인일부심사등록 공고일 후 3개월이 되는 날까지 이의신청을 할 수 있으며, 이의신청이 이유가 있다고 인정될 때에는 심사관 3인 합의체의 취소결정으로 등록디자인권을 조기에 취소할 수 있다.

(2) 이의신청제도의 효과

① 심판이나 소송절차보다 처리기간 단축과 비용절감 효과가 있다.

---

12 제68조(디자인일부심사등록 이의신청).

② 디자인일부심사등록제도 도입에 따른 부실권리를 조기에 막을 수 있다.

③ 디자인권자의 입장에서 권리의 조기안정화로 안정된 디자인권 행사가 가능하다.

④ 기존의 무효심판제도와 이의신청절차에 대한 선택권을 부여함으로써 부실권리를 막을 수 있는 수단이 확대되는 효과가 있다.

4) 디자인일부심사 보완제도

일부심사등록제도는 신속한 권리획득이라는 장점이 있지만 일부심사로 인하여 선의의 제3자가 예측하지 못한 손해를 입을 가능성을 고려하여 다음과 같은 보완제도를 두고 있다.

① 국내 또는 국외에서 널리 알려진 형상·모양·색채 또는 이들의 결합에 의하여 용이하게 창작할 수 있는 디자인은 등록받을 수 없다.[13]

② 타인의 저명한 상표나 저작물 등을 디자인으로 표현하여 등록받는 것을 방지하기 위하여 모든 부등록사유에 대하여 심사할 수 있다.[14]

③ 정보제공이 있는 경우에는 제공된 정보에 근거하여 디자인 등록요건 전부에 대하여 심사, 등록여부를 결정한다.[15]

---

13 제33조(디자인등록의 요건) 제2항.

14 제34조(디자인등록을 받을 수 없는 디자인) 및 제62조제2항.

15 제62조(디자인등록거절결정) 제4항.

④ 관련디자인 일부심사출원에 대하여도 기본디자인과의 관계에 대한 심사를 한다.[16]

5) 디자인일부심사 용어 변경 관련 법 개정 의의

(1) 개정 내용

구법의 정의규정인 제2조(정의) 제5호에서 "'디자인무심사등록'이라 함은 디자인등록출원이 이 법에 의한 디자인의 등록요건중 제26조[17] 제2항의 규정에 의하여 적용이 제외되는 등록요건 외의 등록요건을 갖추고 있는지를 심사하여 행하는 디자인등록을 말한다."고 규정하고 있다. 개정법의 정의규정인 제2조(정의) 제6호에서는 "'디자인일부심사등록'이란 디자인등록출원이 디자인등록요건 중 일부만을 갖추고 있는지를 심사하여 등록하는 것을 말한다."고 규정하고 있다.

(2) 개정 의의

1998년 도입된 구 디자인무심사등록제도[18]는 당시 의복·직물지 등 5개 대분류를 대상으로 하였으나 현재는 18개 대분류[19]로 디자인등록출원의 전체 35%를 차지하고 있다. 제도의 도입 당시에는 방식심사만 하였으나, 현재는 신규성·창작성·확대된 선

16 제62조(디자인등록거절결정) 제3항.

17 구법 제26조(디자인등록거절결정)

18 김정완, 김원준, 지식재산권법, 제3판, 전남대학교출판부, 2013, 298면.

19 2014. 7월부터 로카르노분류체계를 도입함으로서, 02류(의류, 잡화), 05류(섬유제품, 직물류), 19류(문방구, 사무용품, 미술재료, 교재)가 디자인일부심사대상이 되었다.

출원주의·선출원주의 등을 심사하지 않고, 디자인성립요건, 공업상 이용가능성, 부등록사유 해당 여부 등만을 심사하여 등록하고 있다. 2007년부터 무심사등록디자인권의 안정성을 제고하기 위하여 무심사등록출원된 디자인이 국내 주지디자인에 의하여 용이하게 창작[20]된 경우에는 거절할 수 있도록 하여 운영하고 있다.[21] 따라서 디자인무심사등록제도는 완전 무심사등록이 아니라 일부 실체심사를 하고 있으며, "무심사"라는 용어는 현재의 제도운영과 부합하지 않고, 오히려 대내외적으로 전혀 심사를 하지 않는다는 오해를 하기 쉬우므로 "디자인무심사등록"을 "디자인일부심사등록"으로 용어를 변경하여 제도에 맞게 법률용어를 순화한 것이다.

4.5.2. 1디자인1등록 출원

디자인등록출원은 1디자인마다 1디자인등록출원으로 하여야 하며, 디자인등록출원이 1디자인 1디자인등록출원 요건을 갖추지 못한 경우에는 등록을 받을 수 없다.[22] 1디자인이란 1물품에 1형태를 말하며, 1물품이란 물리적으로 분리되지 않은 하나라는

---

20 국내에 널리 알려진 형상·모양·색채 또는 이들의 결합에 의하여 용이하게 창작된 디자인 등이 등록됨으로써 무심사등록권리의 안정성이 저하될 우려가 있으므로 무심사등록제도의 기본 취지인 조기권리부여에 지장을 초래하지 않는 범위 내에서 최소한의 심사를 통해 권리의 안정성 제고가 필요하다. 신규성 유무에 대한 판단은 디자인 DB를 검색하여야 판단이 가능하기 때문에 신규성에 대한 판단은 심사하지 않는다.(공경식·이승훈, 코어 디자인보호법, 제9판, 한빛지적소유권센터, 2012, 254면.)

21 김원준, 산업재산권법, 도서출판 오래, 2012, 563면.

22 제40조(1디자인 1디자인등록출원) 제1항.

개념이 아니라 거래관행상 독립하여 하나로 거래될 수 있는 물품을 의미한다. 둘 이상의 물품을 결합하여 출원된 물품의 1물품을 인정하는 여부는 결합상태로 보아 각 물품의 기능·용도가 상실되고 새로운 하나의 기능·용도로 인식될 수 있는지 여부를 기준으로 하여 판단한다.

1) 1디자인 1디자인등록출원으로 인정되는 물품의 예

신사복(상, 하), 투피스(상, 하), 조(組)의자(둘 이상이 모여서 하나의 의자를 형성하는 것), 찻잔과 받침접시, 찬합, 모자이크 타일, 완성형태가 단일한 조립완구, 장기짝, 트럼프, 화투, 마작패, 너트와 볼트, 합단추 자웅, 결착구 자웅, 유·무선 전화기 등

2) 1디자인 1디자인등록출원으로 인정되지 않는 물품의 예

1조의 책상과 걸상(결착된 것은 제외), 1조의 탁구용구, 1조의 배드민턴용구, 완성형태가 다양한 조립완구(레고 등), 물품의 용기와 그 내용물(카메라와 카메라케이스, 라디오와 라디오케이스, 안경과 안경집, 화장품 보관함과 화장품 용기), 한글 글자체와 영문자 글자체, 한글 글자체와 특수기호 글자체, 영문자 글자체와 숫자 글자체 등

3) 1디자인 1디자인등록출원으로 인정되지 않는 출원서 및 도면의 기재사항

(1) 둘 이상의 물품명을 디자인의 대상이 되는 물품란에 병렬

하여 적은 것

예 병과 병마개, 라디오 겸용 시계 등. 다만, "시계가 부설된 라디오"와 같이 하나의 물품에 다른 물품이 부설된 경우에는 예외로 한다. 부설된 물품이 둘 이상일 경우에는 "볼펜 등이 부설된 라이터"와 같은 방법으로 적는다.

(2) 하나의 물품에 관하여 둘 이상의 디자인을 하나의 도면에 도시하거나, 둘 이상의 물품에 관하여 각각의 디자인을 하나의 도면에 도시한 것

예 "스티커", "전사지" 등의 디자인에 있어서 분리된 2 이상의 구성요소를 외곽선으로 한정하지 않고 하나의 도면에 각각 도시한 것

4.5.3. 비밀디자인 출원

1) 비밀디자인 개요

출원인은 디자인권의 설정 등록일로부터 3년 이내의 기간을 정하여 그 디자인을 비밀로 할 것을 청구할 수 있는데, 이는 출원인이 일정기간 동안 출원 디자인을 비밀로 함으로써 타인의 침해를 방지하고 제품 사업화에 대한 준비기간을 선택할 수 있도록 하기 위함이다. 특허와 실용신안은 출원공개제도를 두고 있고 상표는 출원공고제도를 두고 있으며 디자인은 등록공고를 두고 있다. 그러나 일반인에 디자인의 공개가 원칙이라 할지라도 디자인은 모방이 용이하고 유행에 민감하며 라이프 사이클이

짧은 디자인 자체의 특성과 권리자의 영업전략 및 사정에 의하여 공개가 아닌 비밀로 유지할 필요가 있어 채택된 제도이다. 이 비밀디자인은 모방용이 및 권리자의 경영적 요청에 따른 한시적인 비밀이지 영구적인 비밀이 아니다.[23] 복수디자인등록 출원된 디자인에 대하여는 출원된 디자인의 전부 또는 일부에 대하여 청구할 수 있다.

2) 비밀디자인 요건

비밀디자인 신청은 심사 또는 무심사 출원 모두 가능하지만, 디자인등록출원을 하는 때부터 최초의 디자인등록료를 납부하는 날까지 하여야 한다. 한편 비밀디자인청구에 의해 비밀로 할 수 있는 기간은 디자인권의 설정등록일부터 최대 3년 이내이고, 그 지정된 기간을 단축하거나 연장할 수 있다.

3) 비밀디자인의 비밀유지 기간

출원인은 디자인권의 설정 등록일로부터 3년 이내의 기간을 정하여 그 디자인을 비밀로 할 수 있으며, 디자인등록출원인은 디자인등록출원을 한 날부터 최초의 디자인등록료를 내는 날까지 비밀로 할 것을 청구할 수 있다. 다만, 등록료가 면제된 경우에는 디자인권을 설정등록할 때까지 할 수 있다. 디자인등록출원인 또는 디자인권자는 지정한 기간을 청구에 의하여 단축하거나 연장할 수 있다. 이 경우 그 기간을 연장하는 경우에는 디자

23 이용성. http://www.e-patentnews.com/sub_read.html?uid=1891.

인권의 설정등록일부터 3년을 초과할 수 없다. 출원인이 출원공개신청을 한 경우에는 비밀유지 청구는 철회된 것으로 본다.

4) 비밀디자인의 비밀유지 예외

다음 어느 하나에 해당하는 경우에는 비밀디자인을 열람할 수 있으며, 이때 비밀디자인을 열람한 자는 그 열람한 내용을 무단으로 촬영·복사 등의 방법으로 취득하거나 알게 된 내용을 누설하여서는 안 된다.

① 디자인권자의 동의를 받은 자가 열람 청구한 경우

② 그 비밀디자인과 동일하거나 유사한 디자인에 관한 심사, 디자인일부심사등록 이의신청, 심판, 재심 또는 소송의 당사자나 참가인이 열람청구한 경우

③ 디자인권 침해의 경고를 받은 사실을 소명한 자가 열람 청구한 경우

④ 법원 또는 특허심판원이 열람 청구한 경우

5) 비밀디자인의 유용성 및 주의사항

디자인은 물품의 외적 미관으로 타인의 모방 및 도용이 용이하고, 유행성이 강한 특징이 있으므로, 비밀디자인 제도를 활용함으로써 이러한 문제를 예방할 수 있고, 디자인의 실시 시기도 적절하게 선택할 수 있는 장점이 있다.

그러나 과실추정 규정이 배제되고, 침해금지 및 예방청구권 행사 시 사전경고를 필요로 하는 등 침해자에 대한 민사상의 권

리를 행사함에 있어서 일정한 제한이 있다. 또한 비밀디자인이 청구된 등록디자인에 대해 이의신청을 하는 경우에는 이의신청 기간이 도면 등 실질적 사항이 게재된 공보의 발행일 후 3개월이 되는 날까지 연장되므로 출원인은 비밀디자인의 장점과 단점을 따져보고 비밀디자인의 청구를 하는 것이 바람직하다.

4.5.4. 동적디자인 출원

1) 동적디자인 개요

물품이 정지한 상태만으로는 그 변형된 상태가 파악되지 않는 디자인으로서 물품 자체의 특별한 기능에 의하여 그 형태가 변화하고 그 변화가 시각에 의해 감지될 수 있는 디자인으로서, 동적 디자인은 그 창작의 요점이 디자인의 특이한 변화 상태에 있고 그 변화의 상태를 용이하게 예측할 수 없으며 그 변화가 시각에 호소하는 디자인이다. 동적 형상도 하나의 창작적 가치를 인정한다는 것이 그 취지이다.

예로, 강아지 완구에서 누르면 튀어 나오는 강아지의 동작 상태의 변화 과정을 보호하기 위함이며, 강아지가 튀어 나오는 중간 동작 과정의 도면을 제출하여야 한다. 동적디자인으로는 디자인물품 자체가 동적변화를 하는 것, 개폐되면서 동적변화를 하는 것, 펼쳐지면서 동적변화를 하는 것, 색채가 변하는 것 등이 있다. 특히, 화상디자인과 동적디자인이 결합되어 있는 디자인도 가능하다.

2) 동적디자인의 성립요건

동적디자인의 출원에 있어서 동적 움직임이 시계열적으로 나타나야 한다. 변형되기 전과 후의 모든 모습을 표시할 수는 없지만 중간의 과정에서 변형된 모습이 나타나야 하며, 쉽게 예측할 수 없는 것이라야 한다.

(1) 디자인에 관한 물품의 형태가 그 물품의 기능에 기초하여 변화할 것

물품의 기능이란 물품의 구조적 변화를 의미하고 화학적 변화는 포함하지 않는다. 동적디자인이 변화하는 형태는 형상의 변화, 모양의 변화, 색채의 변화, 형상·색채·모양의 변화가 있다.

(2) 정지 상태에서 변화 상태를 쉽게 예측할 수 없을 것

(3) 변화가 시각에 호소하는 것일 것

시각을 통하여 미감을 일으키게 하는 것을 의미한다.

(4) 변화에 정형성(일정성)이 있을 것

3) 동적 움직임에 변화과정이 없거나 또는 일정성과 통일성이 없는 경우

동적디자인의 출원에 있어서 동적 움직임에 일정성 및 통일성이 있는 경우에는 1디자인 1디자인등록출원으로 등록받을 수 있다.

예 일정성과 통일성이 있는 동적디자인(등록받을 수 있음)

[디자인의 설명] [물품명: 장식용 조명등](디자인등록번호: 30-0683430 유사1)

1. 재질은 합성수지 및 금속임.
2. 본원디자인은 지지대를 자유롭게 구부릴 수 있어, 필요에 따라 독서용 등으로도 활용 가능한 것임.
3. 본원 디자인은 동적 디자인으로서 꽃잎형상이 시간이 경과함에 따라 0도-80도 각도범위 내에서 변화하는 것임.
4. 꽃잎형상의 중앙부분의 분사구에서 방향제 또는 산소가 분사됨.

[디자인 창작 내용의 요점]

본원 장식용 조명등은 OLED(Organic Light Emitting Diode)발광을 이용한 것으로서, 꽃잎형상이 펼쳤을 때와 접었을 때 꽃봉오리(Flower Bud) 형태를 패턴화하여 유선형을 이루어 역동성과 입체감, 아늑함을 표현하였으며, 꽃잎을 광원으로 하여 펼쳤을 때는 빛을 부드럽게 퍼트리고 접었을 때는 빛을 품고 있는 듯한 아늑함을 느끼게 하는 것을 디자인 창작내용의 요점으로 함.

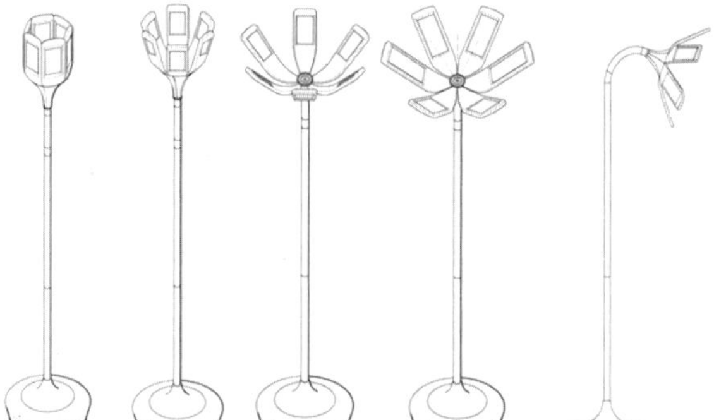

형태가 변화하는 디자인의 출원에 있어서 변화과정이 없거나 또는 변화과정에 일정성 및 통일성이 없는 경우에는 1디자인 1디자인등록출원에 위반되어 등록받을 수 없다.

예 아래 디자인은 디자인의 형태가 변화하는 로봇완구로서 중간 변화과정이 없어 등록받을 수 없다.

〈변화 전〉

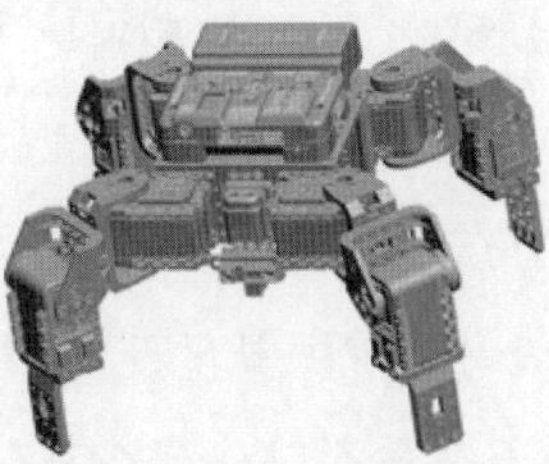

〈변화 후〉

4) 동적디자인의 출원 및 심사절차

(1) 출원절차

변화의 전후에 걸친 물품의 형상·모양·색채 또는 이들의 결합에 관한 설명을 기재한다. 기본적인 정지 상태에 관한 사시도와 6면도를 도시하는 것 이외에 디자인의 변화 형태에 대하여는 변화 전 상태의 도면, 변화 후 상태의 도면을 각각 도시한다.

(2) 심사절차

그 동작 상태를 알 수 있는 도면이 없거나 도면에 관하여 디자인의 설명 란에 물품이 가지는 기능의 변화에 관한 설명이 기재되지 않은 경우 공업상이용가능성 요건의 위반에 해당되어 거절된다. 변화의 전후를 알 수 있는 도면을 추가하는 보정이 디자인의 동일성을 해치는 때에는 요지변경으로 각하가 된다. 도면에 관한 디자인의 설명 란에 동적 디자인에 관한 설명이 기재되어 있는 경우에는 복수의 디자인이 기재되어 있는 것이 되기 때문에 원칙적으로 1디자인 1출원 원칙에 위반되지만, 일단 디자인등록이 되었다면 형식적 하자는 무효사유가 아니므로 이를 이유로 하여 무효가 되지는 않는다.

5) 동적디자인의 유사여부 판단

동적디자인 유사여부 판단은 동적디자인과 정적디자인간 판단, 또는 동적디자인 상호간 판단을 한다. 즉, 동적디자인이라고 하여 동적디자인끼리만 유사판단을 하지 않고 동적디자인이라 하더라도 동적디자인과 정적디자인간에 유사판단을 한다.

6) 동적디자인의 디자인권

동적 디자인이 등록된 때에는 변화 전후의 일련의 형태를 가지는 디자인의 전체를 하나의 디자인으로서 디자인권이 부여된다. 동적디자인의 디자인권은 등록된 동적디자인과 동일 또는 유사한 디자인에 그 효력이 미친다.

4.5.5. 복수디자인등록 출원

1) 복수디자인 개요

복수디자인등록출원으로 할 수 있는 물품은 물품류 구분[24] 중 같은 물품류에 속하는 것으로 한다. 복수디자인등록출원된 디자인의 물품이 같은 물품류에 속하지 않으면 복수디자인등록출원에 위반되어 등록받을 수 없으며, 이 경우 물품류가 다른 물품의 디자인에 대하여 출원분할이나 출원취하를 할 수 있다. 복수디자인등록출원된 디자인 중 일부 디자인에만 거절이유가 있는 경우 거절이유가 있는 일부디자인에 대하여만 거절된다.

2) 하나의 복수디자인등록출원에 표현할 수 있는 디자인의 수와 필요도면

복수디자인등록출원은 100개 이내의 디자인을 1디자인등록출원으로 할 수 있으며, 복수디자인등록출원 중 일부 디자인에 대한 출원취하는 삭제보정으로 할 수 있다. 복수디자인등록출원의 도면은 1디자인마다 분리하여 표현하여야 하며, 복수디자인등록출원된 디자인마다 도면 또는 사진 중 한 가지로 통일되게 표현하여야 한다. 3D 모델링 도면으로 제출할 경우에는 모든 디자인을 3D 모델링 파일 형식으로 하여 제출하여야 한다.

3) 복수디자인제도 개선 관련 법 개정 의의와 과제

(1) 개정 내용

구법은 복수디자인과 관련하여 제11조의2(복수디자인등록출원) 제1항에서 "디자인무심사등록출원은 제11조 제1항의 규정에 불구하고 20 이내의 디자인을 1디자인등록출원(이하 "복수디자인등

24 디자인보호법 시행규칙의 [별표 4](물품류 구분).

록출원"이라 한다)으로 할 수 있다. 이 경우 1디자인마다 분리하여 표현하여야 한다."고 규정하고 있고, 제2항에서는 "복수디자인등록출원할 수 있는 디자인의 범위는 제11조 제2항의 규정에 의한 물품의 구분상 산업통상자원부령이 정하는 분류가 동일한 것으로 한다."고 규정, 제3항에서는 "복수디자인등록출원을 하고자 하는 자는 기본디자인과 함께 그 기본디자인에 속하는 유사디자인을 출원할 수 있다."고 규정, 제4항에서는 "제3항의 규정에 불구하고 자기의 등록디자인 또는 디자인등록출원된 디자인의 유사디자인을 복수디자인등록출원하는 경우에는 1기본디자인에 속하는 유사디자인에 한하여 1복수디자인등록출원으로 할 수 있다."고 규정하고 있다. 개정법에서는 제41조(복수디자인등록출원)에서 "디자인등록출원을 하려는 자는 제40조[25] 제1항에도 불구하고 산업통상자원부령으로 정하는 물품류 구분에서 같은 물품류에 속하는 물품에 대하여는 100 이내의 디자인을 1디자인등록출원(이하 "복수디자인등록출원"이라 한다)으로 할 수 있다. 이 경우 1 디자인마다 분리하여 표현하여야 한다."고 규정하고 있다.

(2) 개정 의의

개정법에서는 구법 제11조의2 각항을 삭제하고 제1항과 제2항을 합하여 디자인일부심사등록출원(구법의 디자인무심사등록출

25 1디자인 1디자인등록출원.

원)과는 상관없이 같은 물품류에 속하는 물품에 대하여는 100 이내의 디자인을 1디자인등록출원으로 할 수 있도록 개정하였다. 이는 구 디자인무심사등록출원에 한정하여 복수디자인등록출원을 인정하던 것을 디자인무심사등록출원과는 상관없이 인정한 것으로서, 그간 복수디자인등록출원이 디자인무심등록출원에만 한정되어야 한다는 제한 규정을 삭제함으로서 출원인의 불편을 해소한 것이다.

또한, 1디자인등록출원 시 20 이내의 디자인으로 한정하던 것을 100 이내로 확대한 것은 산업디자인의 국제등록에 관한 헤이그협정의 제네바개정협정[26]에서 같은 분류인 경우 복수디자인등록출원을 100 이내의 디자인을 1디자인등록출원으로 할 수 있도록 인정[27]하고 있어서, 국제협정과의 조화를 이루기 위하여 개정법에서 도입한 것이다.

(3) 검토 과제

구법에서는 복수디자인등록출원된 디자인 중 일부 디자인에 대해서만 거절이유가 있는 경우에도 전체 디자인을 거절하도록 하고, 비밀디자인·출원공개·우신심사 등의 절차를 청구함에 있어서도 항상 복수디자인 전체를 대상으로 청구하도록 하고 있음

26 공식명칭은 "Geneva act of the Hague Agreement Concerning the International Registration of Industrial Designs"으로 우리나라는 2014.7.1일 발효되었다.

27 헤이그협정 공통규칙 제7조 (3) The international application shall contain or indicate (v) the number of industrial designs included in the international application, which may not exceed 100, (이하 생략).

에 비하여 개정법은 복수디자인등록출원된 디자인의 일부에 대해서 선택적으로 비밀디자인 청구, 출원공개 신청, 우선심사 신청, 거절결정 또는 등록결정이 가능하도록 규정하고 있다. 그간 복수디자인에 대해서 출원일체의 원칙에 따라 하나의 디자인에만 거절이유가 있는 경우라도 전체 복수디자인을 거절하도록 되어있어서 디자인등록출원인의 입장에서는 가혹한 점이 있었다. 또한 개정법에서 복수디자인을 100 이내의 디자인까지 출원하면 이러한 문제는 더욱 복잡해질 것이므로 일부등록·일부거절 제도를 도입하는 것이 바람직하다.

복수디자인등록출원에 있어서 출원일체의 원칙을 폐기한 것은 개정법의 다른 조항에서도 분명하게 나타나고 있다. 즉, 비밀디자인[28], 보정각하[29], 출원공개[30], 우선심사[31], 디자인등록거절결정[32], 디자인등록결정[33], 디자인권의 포기[34] 등에서 출원인은 일부 디자인에 대해 신청할 수 있으며, 특허청은 디자인마다 행정처분을 해야 한다. 유의해야 할 점은 출원일 인정과 관련해서는 구법과 동일하게 출원일체의 원칙에 따라 전체로서 취급된다는 점이다. 즉, 일부 디자인에 흠결이 있는 경우에도 그 흠결이 보완되는 날이 출원일로 인정[35]된다.[36]

---

28 개정법 제43조.
29 개정법 제49조.
30 개정법 제52조.
31 개정법 제61조.
32 개정법 제62조.
33 개정법 제65조.
34 개정법 제105조.

한편, 복수디자인등록출원에 대한 일부등록/일부거절을 명문화하고 있음에도 불구하고 복수디자인등록출원된 디자인의 이의신청, 디자인등록무효심판 등의 조문에서 이를 반영하지 못하고 있다.[37] 이는 시차를 달리하여 각각의 개별 권리로 등록된 디자인권을 한꺼번에 이의신청이나 무효심판을 청구하는 것은 청구물의 단일성 요건에 부합하지 않기 때문으로 보인다. 이러한 이유로 디자인일부심사등록 이의신청[38], 디자인등록의 무효심판[39], 권리범위 확인심판[40]에서 디자인마다 이의신청 또는 심판을 청구하여야 한다는 것으로 개정하였다. 그러나 동일 권리자에 동일한 이의신청 또는 동일한 심판청구를 디자인마다 제기하는 것이 과연 심사·심판의 경제상 바람직한지의 여부에 대한 문제가 있다. 앞서 살펴본 바와 같이 개정법 제38조제4항, 제5항에서 출원일 인정과 관련해서는 구법과 동일하게 출원일체의 원칙에 따라 전체로서 취급하고 있는 점을 고려한다면, 청구물의 단일성 요건이라는 측면보다는 심사·심판의 경제 측면을 더 고려하여 강행규정보다는 구법과 같이 임의규정[41]으로 두는 것이 보

35 개정법 제38조 제4항 단서규정; 다만, 제41조에 따라 복수디자인등록출원된 디자인 중 일부 디자인에만 보완이 필요한 경우에는 그 일부 디자인에 대한 절차보완서가 특허청장에게 도달한 날을 복수디자인 전체의 출원일로 본다.

36 전광출, 전게서, 7면.

37 국회 산업통상자원위원회, 전게서, 28면.

38 개정법 제68조.

39 개정법 제121조.

40 개정법 제122조.

41 구법 제29조의2(디자인무심사등록이의신청) 후단부에서는 "복수디자인등록출원된 디자인등록에 대하여는 각 디자인마다 디자인무심사등록이의신청을 할 수 있다."고 규정하

다 바람직하다.

4.5.6. 한 벌의 물품의 디자인등록 출원

1) 한 벌의 물품의 디자인 개요

'한 벌의 옷', '한 벌의 식기 세트' 등과 같이 2이상으로 이루어지는 물품의 조합에 관한 디자인을 하나의 디자인으로 출원하는 것을 말하고, 법에 따라 정하여진 한 벌의 물품에 해당하는 것만 한 벌의 물품의 디자인으로 출원이 가능하다. 2이상의 물품이 한 벌의 물품으로 동시에 사용되어야 하며, 한 벌의 물품의 디자인은 한 벌 전체로서 통일성이 있어야 한다. 한 벌의 물품의 디자인에는 그 전체로서 하나의 디자인권이 발생하므로 일반 디자인 등록된 권리보다 권리범위가 좁다.

2) 한 벌의 물품의 디자인의 요건

한 벌의 물품의 디자인등록출원은 한 벌 전체로서 통일성이 있어야 하며 다음과 같은 요건을 갖추어야 등록 받을 수 있으며, 한 벌의 물품의 디자인에는 그 전체로서 하나의 디자인권이 발생한다.

고 있고, 개정법 제68조(디자인일부심사등록 이의신청) 후단부에서는 "복수디자인등록출원된 디자인등록에 대하여는 각 디자인마다 디자인일부심사등록 이의신청을 하여야 한다."고 규정하고 있다. 구법 제68조(디자인등록의 무효심판)에서는 "복수디자인등록출원된 디자인등록에 대하여서는 각 디자인마다 청구할 수 있다."고 규정하고 있지만, 개정법 제121조(디자인등록의 무효심판)에서는 "복수디자인등록출원된 디자인등록에 대하여는 각 디자인마다 청구하여야 한다."고 규정하고 있다. 개정법 제122조(권리범위 확인심판)에서는 "복수디자인등록출원된 디자인등록에 대하여는 각 디자인마다 청구하여야 한다.(신설)"고 규정하고 있다.

(1) 디자인 물품류 구분에 따라 한 벌의 물품의 구분[42]에 규정되어 있는 물품에 해당할 것

(2) 한 벌의 물품을 구성하는 물품이 적합할 것

한 벌의 물품은 한 벌의 물품별 구성물품 중 2 이상의 물품으로 구성되어야 한다. 구성물품 외의 물품이 포함된 경우에는 한 벌의 물품으로 정해진 물품과 동시에 사용되는 것이 상거래 관행상 당 업계에서 인정될 수 있는 경우에는 정당한 한 벌의 물품으로 본다.

다만, "한 벌의 전문 운동복 세트" 및 "한 벌의 가방 세트"의 구성물품은 다음과 같다.

① "한 벌의 전문 운동복 세트"는 개별 구성물품 세트별로 물품을 구성하여야 하며, 각 구성물품에는 모자, 양말, 신발, 보호장구 등은 포함되지 않는다. 또한 동시에 사용될 가능성이 없는 물품끼리 된 경우(예: 태권도복 상의와 등산복 하의를 출원한 경우)에는 한 벌의 물품으로 동시에 사용되지 않는 것으로 인정된다.

② "한 벌의 가방 세트" 중 신발가방과 책가방은 한 벌의 물품으로 구성할 수 있으며, 여행용 가방은 같은 물품만을 한 벌 물품으로 구성할 수 있다. 그러나 신발가방 · 책가방 · 여행용 가방이 한 벌의 물품으로 구성된 경우에는 한 벌의 물품으로 동시에 사용되지 않는 것으로 인정된다.

---

42 디자인보호법 시행규칙의 [별표 5](한 벌의 물품의 구분).

(3) 각 구성물품의 형상·모양·색채 또는 이들의 결합이 동일한 표현방법으로 표현되어 한 벌 전체로서 통일성이 있다고 인정되는 것

(4) 각 구성물품이 상호 집합되어 하나의 통일된 형상이나 모양 등을 표현함으로써 한 벌 전체로서 통일성이 있다고 인정되는 것

예 한 벌의 흡연용구 세트에서 재떨이, 담배함, 탁상용 라이터 및 받침대가 상호 집합되어 하나의 거북이 형상을 표현한 것 등

(5) 각 구성물품의 형상·모양·색채 또는 이들의 결합에 의하여 관념적으로 관련이 있는 인상을 주어 한 벌 전체로서 통일성이 있다고 인정되는 것

예 "토끼와 거북이"의 동화를 그림으로 각 구성 물품에 통일되게 표현한 것 등

(6) 둘 이상의 물품이 한 벌로 동시에 사용될 것

'동시에 사용된다'는 의미는 언제든지 반드시 동시에 사용되는 것이 아니라 관념적으로 하나의 사용이 다른 것의 사용을 예상하게 하는 것을 말한다.

3) 한 벌의 물품의 디자인 도면

각 구성물품의 도면만으로 한 벌의 물품의 디자인을 충분히 표현할 수 있는 경우에는 각 구성물품마다 1조의 도면을 제출한다. 한 벌의 물품의 각 구성물품이 상호 집합되어 하나의 통일된 형상·모양 또는 관념을 표현하는 경우에는 구성 물품이 조합된

상태의 1조의 도면과 각 구성 물품에 대한 1조씩의 도면을 제출하여야 한다. 각 구성물품의 하나의 디자인은 도면이나 3D 모델링 도면으로 표현할 수 있으며, 하나의 디자인을 도면과 3D 모델링 도면을 혼합하여 표현할 수 없고, 도면 또는 3D 모델링 도면 중 한가지로 통일되게 표현하여 제출하여야 한다.

4.5.7. 부분디자인등록 출원

1) 부분디자인 개요

산업재산권의 보호대상을 확대해 가고 있는 국제적 추세에 부응하고자 도입한 것으로 '냉장고의 손잡이 부분' 등과 같이 물품의 어느 부분에 관한 디자인을 하나의 디자인으로 등록받을 수 있는 것을 말한다. 부분디자인을 출원할 때에는 물품명에는 해당 부분을 표현하는 명칭이 아닌 그 물품 자체의 명칭을 사용하여야 한다. 부분디자인의 도면은 부분디자인으로 등록을 받으려고 하는 부분을 실선으로 표현하고, 나머지 부분은 파선 등을 사용하여 표현하여야 한다. 한 벌의 물품의 부분에 관한 디자인은 부분디자인의 대상이 아니다.

2) 부분디자인등록출원 등록요건

부분디자인등록출원에 있어 물리적으로 분리된 둘 이상의 부분이 표현된 경우는 1디자인 1디자인등록출원에 위반되어 등록받을 수 없다. 다만, 다음과 같이 전체로서 디자인 창작상의 일체성이 인정되는 경우에는 예외이다.

(1) 형태적 일체성이 인정되는 것

물리적으로 분리된 부분이지만 대칭이 되거나 한 쌍이 되는 등 관련성을 가지고 있는 것은 일체성이 있는 것으로 인정되어 등록받을 수 있다.

예) [디자인의 설명] [물품명: 치약포장용 상자](디자인등록번호: 30-0597886)

1. 재질은 종이, 비닐 및 합성수지재임.
2. 본원디자인의 물품은 치약 튜브를 보관 및 내장하는데 사용하는 것임.
3. 본원디자인 중 치약포장용 상자 정면 및 평면에 실선으로 표현된 캐릭터를 부분디자인으로 등록받고자 함.

[디자인 창작 내용의 요점]

본원디자인은 "치약포장용 상자" 디자인의 형상과 모양의 결합을 그 디자인창작 내용의 요점으로 함.

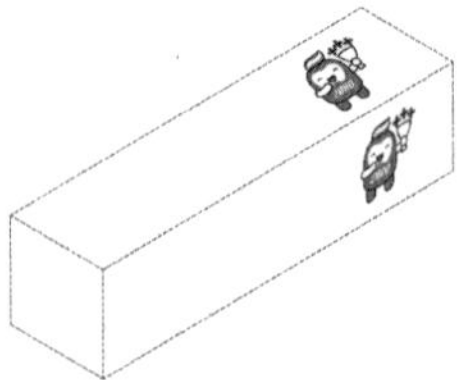

(2) 기능적 일체성이 인정되는 것

물리적으로 분리된 부분들이 전체로서 하나의 기능을 수행함으로써 일체적 관련성을 가지고 있는 경우는 일체성이 있는 것으로 인정되어 등록받을 수 있다.

예) 정면에 있는 2개의 홈과 배면에 있는 한 개의 홈이 전체로서 프린터에 카트리지가 장착할 때 정확한 위치를 알 수 있도록 하는 기능을 수행하는 것임

[디자인의 설명] [물품명: 상변화 잉크젯프린터용 잉크스틱]

(디자인등록번호: 30-0651076유사4)

1. 재질은 합성수지임.

2. 실선으로 표현된 부분이 부분디자인으로 디자인등록을 받고자 하는 부분임. 도면에 도시된 1점 쇄선은 부분디자인으로 디자인등록을 받고자 하는 부분과 디자인등록을 받고자 하지 않는 부분의 경계를 나타냄.

[디자인 창작 내용의 요점]

상변화 잉크젯프린터용 잉크스틱의 형상 및 모양의 결합을 디자인창작내용의 요점으로 함.

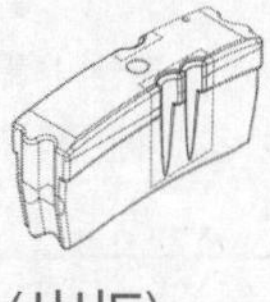

(사시도)

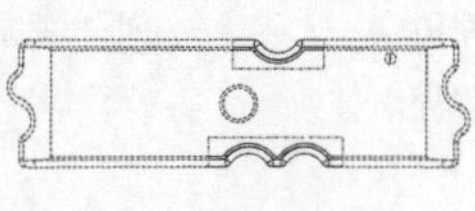

(평면도)

4.5.8. 관련디자인등록 출원

1) 관련디자인 개요

자기의 등록디자인 또는 출원디자인(동일자 출원 포함, 이하 "기본디자인"이라 한다)과만 유사한 디자인에 대하여 등록받을 수 있는 것을 말한다. 자기의 등록디자인 또는 기본디자인에만 유사한 디자인이란, 등록디자인 또는 기본디자인과 유사한 디자인으로서 그 출원일보다 선행하는 타인의 디자인(출원디자인, 등록디자인, 공지디자인)과 유사하지 않은 것을 말한다.

관련디자인은 기본디자인의 출원일부터 1년 이내에 출원하여야 한다. 관련디자인과만 유사한 디자인은 등록을 받을 수 없다. 기본디자인의 디자인권에 전용실시권이 설정되어 있는 경우에는 그 기본디자인의 관련디자인을 등록받을 수 없다.

2) 관련디자인 상호 간의 신규성

관련디자인등록출원은 그 디자인이 기본디자인 이외의 자기의 선행하는 공지디자인과 유사할지라도 디자인등록의 요건의 신규성에 의하여 거절이 되지 않는다.

예 관련디자인으로 등록 가능

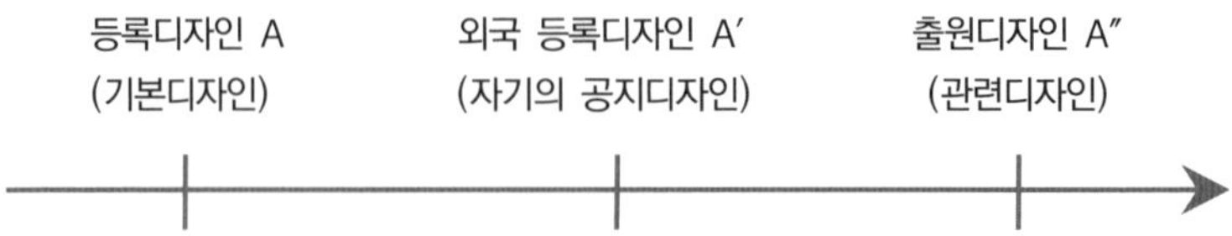

3) 관련디자인으로 등록될 수 있는 경우

선출원 또는 동일자 출원 A디자인이 등록되는 경우 이와 유사한 자기의 후출원 또는 동일자 출원 A'디자인은 관련디자인으로 등록될 수 있다.

	기본디자인 (A)	관련디자인 (A')
유형	등록	후출원
	선출원	후출원
	동일자 출원	동일자 출원
1	완성품	완성품
2	부품	부품
3	한 벌의 물품	한 벌의 물품
4	부분디자인	부분디자인

4) 관련디자인의 특징

관련디자인등록출원은 기본디자인 출원일부터 1년 이내에 출원해야 하며, 권리범위는 독자적인 권리범위로 인정된다. 권리의 존속기간은 독자적으로 존속가능하나, 기본디자인 존속기간만료시는 소멸(기본디자인의 포기, 연차료 불납, 무효 등의 경우는 관련디자인 독자 존속가능)된다. 권리이전은 기본디자인과 함께 관련디자인의 이전이 가능하다. 전용실시권은 관련디자인이 여러 개인 경우 동일인에게 동시 설정(기본디자인이 소멸하더라도 관련디자인은 설정 가능)이 가능하다. 등록된 관련디자인에 대하여 독자적으로 무효심판 청구대상이 될 수 있다. 또한, 기본디자인이 무효가 되더라도 관련디자인은 별도로 존속가능하다.

5) 관련디자인제도 도입 관련 법 개정 의의와 과제

(1) 개정 내용

구 유사디자인제도 제7조 제1항에서 "디자인권자 또는 디자인등록출원인은 자기의 등록디자인 또는 디자인등록출원한 디자인에만 유사한 디자인에 대하여는 유사디자인만으로 디자인등록을 받을 수 있다."고 규정하고 있고, 제2항에서 "제1항의 규정에 의하여 등록을 받은 유사디자인 또는 디자인등록출원된 유사디자인에만 유사한 디자인에 대하여는 제1항의 규정을 적용하지 아니한다."고 규정하고 있다. 또한 구법 제42조(유사디자인의 디자인권)에서 "제7조 제1항의 규정에 의한 유사디자인의 디자인권은 그 기본디자인의 디자인권과 합체한다."고 규정하고 있다. 개정법은 제35조 제1항에서 "디자인권자 또는 디자인등록출원인은 자기의 등록디자인 또는 디자인등록출원한 디자인(이하 "기본디자인"이라 한다)과만 유사한 디자인(이하 "관련디자인"이라 한다)에 대하여는 그 기본디자인의 디자인등록출원일부터 1년 이내에 디자인등록출원된 경우에 한하여 제33조 제1항[43] 각 호 및 제46조 제1항[44]·제2항[45]에도 불구하고 관련디자인으로 디자인등록을

43 신규성관련 규정.

44 선출원 관련 규정.

45 동일 디자인의 동일 출원간의 협의 관련 규정.

받을 수 있다."고 규정하고 있고, 제2항에서는 "제1항에 따라 디자인등록을 받은 관련디자인 또는 디자인등록출원된 관련디자인과만 유사한 디자인은 디자인등록을 받을 수 없다."고 규정하고 있으며, 제3항에서는 "기본디자인의 디자인권에 제97조[46]에 따른 전용실시권(이하 "전용실시권"이라 한다)이 설정되어 있는 경우에는 그 기본디자인에 관한 관련디자인에 대하여는 제1항에도 불구하고 디자인등록을 받을 수 없다."고 규정하고 있다.

(2) 개정 의의

개정법은 종전의 유사디자인 제도를 폐지하고, 기본디자인과만 유사한 디자인의 독자적인 디자인권을 인정하는 관련디자인 제도를 도입하여, 관련디자인에 독자적인 권리범위와 권리존속기간을 부여함으로써 창작자의 권리보호를 강화하였다. 구법 유사디자인제도와 개정법 관련디자인제도의 차이점을 요약하면 <표 4-3>과 같다.

디자인은 기본디자인이 창작된 이후에 이를 기초로 여러 가지 개량디자인이 창작되는 특성이 있고, 디자인권의 효력은 등록디자인과 동일 또는 유사한 디자인에까지 미치지만 그 유사범위는 추상적이고 불명확하다. 따라서 기본디자인의 유사범위 내에서 미리 유사디자인을 등록받아 모호한 권리의 범위를 명확히 함으로써 침해를 미연에 방지하고 침해시 구제를 신속히 하기

46 전용실시권 관련 규정.

위해 1973년에 유사디자인 제도를 도입하였다.

구법 제42조에서 '유사디자인의 디자인권은 그 기본디자인의 디자인권과 합체한다.' 고 규정하는데, 이 규정의 권리범위에 대해서 확인설, 확장설, 결과확장설 등 다양한 학설이 있다. 확인설은 유사디자인제도는 기본디자인의 잠재적인 유사범위를 유사디자인의 등록을 통하여 명확히 하는 제도로서 유사디자인의 권리범위는 기본디자인의 권리범위를 초과하지 않는다고 해석하는 견해이고, 확장설은 유사디자인권의 권리범위는 일반적인 디자인과 같이 동일·유사한 디자인에까지 미치고, 기본디자인의 권리범위는 그 유사디자인의 유사범위까지 확장되는 것으로 해석하는 견해이며, 결과확장설은 유사디자인권의 권리범위는 동일·유사한 디자인에까지 미치지만, 기본디자인의 권리범위는 변함이 없고, 유사디자인만의 독자적인 권리범위가 존재한다고 해석하는 견해이다. 이러한 다양한 견해에 대하여, 대법원의 판례[47]는 '침해디자인(확인대상디자인)은 기본디자인과 유사하지 않으므로 유사디자인과 대비할 필요도 없이 유사디자인의 권리범위에 속하지 않는다.'고 하여 확인설의 입장에 서서 유사디자인의 독자적인 권리범위를 인정하고 있지 않다.

---

47 대법원 2008.12.24. 선고, 2006후1643 판결, 대법원 2009.1.30. 선고, 2007후4847 판결.

표 4-3. 구법의 유사디자인제도와 개정법의 관련디자인제도 대비[48]

구분	유사디자인(구법)	관련디자인(개정법)
등록 요건	자기의 선출원(또는 선등록) 디자인에만 유사한 디자인 (제7조)	구법과 동일(기본디자인에 전용실시권 설정시 등록불가) (제35조)
출원 시기	제한 없음(기본디자인 소멸 이전에만 가능) (제7조 제1항)	기본디자인 출원일부터 1년 이내(제35조 후단)
권리 범위	기본디자인의 권리범위 이내(제42조)	독자적인 권리범위 인정(제92조)
존속기간	기본디자인 소멸하면 유사 소멸(제40조)	독자 존속가능하나, 기본디자인 존속기간만료시는 소멸(기본디자인의 포기, 연차료불납, 무효 등의 경우는 관련 디자인 독자 존속가능) (제91조 제1항)
권리이전	기본디자인과 유사는 함께 이전(제23조의4)	구법과 동일(제96조 제6항)
전용실시권	규정 없음	관련디자인이 여러 개인 경우 동일인에게 동시 설정(기본디자인 소멸하더라도 관련디자인은 설정 가능) (제97조 제6항)
무효심판	청구가능(기본디자인 무효시 유사디자인 자동무효) (제68조)	청구가능(기본디자인 무효되더라도 관련디자인은 별도임) (제121조)

48 특허청, 2013년 특허제도 순회설명회 자료, 2013, 33면.

이에 따라 유사디자인권의 권리침해 판단시 침해디자인이 유사디자인과 유사한지 여부는 불문하고 기본디자인과의 유사 여부만으로 침해 여부를 판단하게 되어, 등록된 유사디자인에 유사한 디자인을 무단으로 실시하는 경우에도 침해방지가 어렵고, 유사디자인에 대한 권리범위 확인심판 및 등록무효심판의 청구 이익도 사실상 없어지게 되는 문제가 발생하였다. 또한, 기본디자인과는 별도로 출원료와 등록료를 납부하여 획득한 유사디자인권의 권리행사에 대해 출원인의 불만이 제기되고 있으므로, 기본디자인에는 유사하지 않으나 유사디자인에만 유사한 모방디자인의 실시를 방지하기 위해 개정법은 독자적인 권리범위를 인정하는 '관련디자인'[49]제도로 변경하였다.

개정법 제35조 제1항에서 관련디자인의 출원가능시기를 기본디자인의 디자인등록출원일부터 1년 이내로 제한하고 있는 것은, 구법에 규정된 유사디자인과 달리 개정법의 관련디자인은 독자적인 권리범위와 존속기간을 가지고 있어, 출원가능시기가 길어질수록 존속기간의 연장 및 제3자의 자유실시 제한의 문제 등이 발생하므로 권리자와 실시자 간 이익의 균형을 맞추는 것이 필요하고, 기존 유사디자인제도를 이용해 온 출원인의 기대가능성[50], 일본의 사례[51] 등을 고려하여 1년 이내로 제한한 것이다.[52]

49 '유사디자인'에서 '관련디자인'으로 용어를 바꾼 이유에 대해서 관련디자인에 독자적 권리범위 부여에 따른 법적 효과를 명확히 하고 구 유사디자인과 혼동을 방지하기 위함이다.

50 2002년부터 2011년 통계에 따르면, 구 유사디자인이 기본디자인과 동시에 출원된 경우는 65.5%, 6월 이내 출원한 경우는 83.4%, 1년 이내에 출원한 경우는 88.9%이다.

일본의 의장법에서는 보호해야 할 의장에 대하여, 당해 등록 의장과 일정 기간 내에 출원된 유사한 의장까지도 보호를 받을 수 있는 관련의장 제도를 두고 있다.[53] 즉, 당해 의장의 권리범위에 포함되는 잠재적인 의장이 드러남으로써 유사의 폭이 어느 정도 명확해지고, 이로써 제3자는 당해 의장의 의장권의 효력을 예측함과 더불어 당해 유사 의장은 본 의장과 유사관계에 있다고 하는 확정적 결론을 통하여, 의장권자는 당해 의장의 효력범위에 있는 변형 의장군을 적절하게 보호할 수 있게 된다는 점에서 관련의장제도를 두고 있다.[54]

(3) 검토 과제

개정법 제46조(선출원) 제1항, 제2항에서는 기본디자인에 유사한 관련디자인이 여러 개인 경우 관련디자인끼리는 선출원에 관한 내용을 규정하고 있지 않다. 이에 대하여 일본 의장법에서는 기본의장에 관한 2이상의 관련의장등록출원이 있는 때에는 이들 관련의장에 대하여는 선원규정[55]을 적용하지 않는 것으로 규정하고 있다.[56]

---

51 우리나라의 관련디자인과 동일한 입법례를 가지고 있는 일본의 경우, 관련디자인의 출원가능시기를 기본디자인에 관한 디자인 공보발행일 전까지로 제한하고 있다. 참고로, 일본의 디자인공보는 출원후 약 1년 정도 소요된다.

52 국회 산업통상자원위원회, "디자인보호법 전부개정법률안 심사보고서", (2013. 4.), 22면.

53 일본 의장법 제10조(관련의장).

54 寒河江孝允, 峯唯夫, 金井重彦, 「意匠法コンメンタール〈第2版〉」, LexisNexis, 2012, 280면.

55 일본 의장법 제9조(선원) 제1항, 제2항.

56 일본 의장법 "第十条 4 本意匠に係る二以上の関連意匠の意匠登録出願があつたと

관련디자인이 2이상인 경우 관련디자인끼리 선출원 규정 적용으로 후출원의 관련디자인을 거절한다면 입법 취지의 목적에 맞지 않으므로, 실무상 후출원 관련디자인을 거절하지 않겠지만 향후 일본 의장법과 같이 명문화하는 것이 바람직한 것으로 생각한다.[57] 이에 대하여 디자인심사기준에서는 동일하거나 유사한 둘 이상의 디자인이 다른 날에 출원된 경우에 법 제35조(관련디자인) 제1항에 해당하는 경우는 제외한다고 규정하고 있다.[58]

4.5.9. 화상디자인등록 출원

1) 화상디자인 개요

'컴퓨터의 아이콘 부분' 등과 같이 물품의 표시화면을 통하여 표현되는 디자인을 하나의 디자인으로 등록받을 수 있는 것을 말하며, 화상디자인은 그 화상이 표현되는 물품의 부분디자인으로 등록을 받아야 한다. 또한 화상디자인이 움직임이 있는 동적디자인인 경우 그 움직임에 따라 화상이 연속적으로 변화하는 형태를 도면에 표현하여야 한다. 디자인보호법상 디자인의 구성요소로서 인정되는 화상디자인의 예로는 액정화면 등 표시부에 일시적으로 도형 등이 표시되는 그래픽사용자인터페이스(GUI), 아이콘 및 그래픽 이미지 등이 있다.

きは、これらの関連意匠については、第九条第一項又は第二項の規定は、適用しない。"

57 노태정, 전게서, 36면.

58 디자인심사기준 2014.7.1. 153p.

2) 화상디자인의 종류

(1) 그래픽사용자인터페이스(GUI, Graphic User Interface)

각종 사이트의 인테넷 홈페이지의 Web Site GUI, 한글프로그램·MS 워드 등 응용프로그램의 S/W GUI, 휴대전화기·PDA·MP3 등에 구현되는 Mobile GUI, 네비게이터·디지털 TV 등에 구현되는 정보가전 GUI 등이 있다.

예1 [물품명: 화상디자인이 표시된 컴퓨터 모니터][등록번호 30-05501380000]

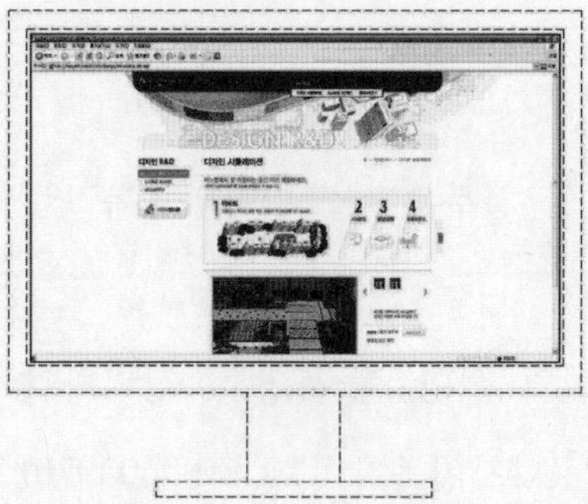

예2 [물품명: 화상디자인이 표시된 휴대단말기]
[등록번호 30-05621450000]

(2) 아이콘(Icon)

한글 아이콘, 인터넷 익스플로러 아이콘 등의 Application Icon이 있다.

(3) 그래픽 이미지 (Graphic Images)

Contents로서의 그래픽, 컴퓨터 모니터의 화면보호, 캐릭터, 이모티콘, 3D 애니메이션, 각종 기능의 상태를 표시하기 위한 것(배터리의 잔량표시, 수신 상태표시, 각종 레벨게이지 표시) 등이 있다.

(4) 부분디자인과 화상디자인이 결합된 예

화상디자인의 일부분만을 디자인등록 받으려면 부분디자인으로 출원한다.

예 [디자인의 설명][물품명: 화상디자인이 표시된 컴퓨터 모니터](디자인등록번호: 30-0604970)

1. 재질은 금속 및 합성수지재임.
2. 실선으로 표현된 부분이 부분디자인으로서 디자인등록을 받고자 하는 부분임.

[디자인 창작 내용의 요점]

본원 화상디자인에 관한 부분디자인은 디자인의 대상인 컴퓨터 모니터상에서 웹페이지를 사용하기 위하여 독창적인 도안을 한 것을 창작내용의 요점으로 함.

(5) 부분디자인과 동적디자인 및 화상디자인이 결합된 예

동적인 화상디자인을 동적디자인으로 부분적으로만 화상디자인등록을 받으려면 움직이는 화상을 동적디자인으로 표시하고 부분디자인으로 출원한다.

예 [디자인의 설명][물품명: 화상디자인이 표시된 디스플레이 패널](디자인등록번호: 30-0735000)

1. 재질은 금속 및 합성수지재임.
2. 실선으로 표현된 부분이 부분디자인으로서 디자인등록을 받고자 하는 부분임.
3. 디자인은 디스플레이 패널 상에 변화하여 표현되는 상태를 동적디자인으로 표현한 것임.
4. 도면은 변화 전, 변화 중간, 변화 후의 상태를 나타낸 것임.

[디자인 창작 내용의 요점]

본 화상디자인이 표시된 디스플레이 패널 부분디자인은 디스플레이 패널 상에 동적으로 변화하여 표현되는 상태를 디자인창작 내용의 요점으로 함.

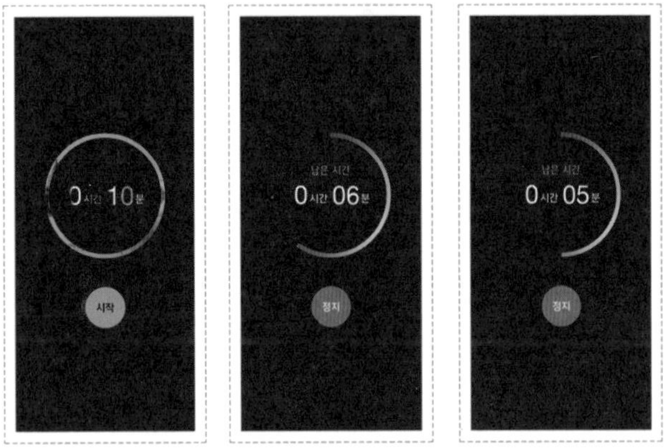

4.5.10. 글자체디자인등록 출원

1) 글자체디자인 개요

디자인보호법상 등록을 받을 수 있는 디자인은 기본적으로 물품성, 형상·모양·색채성, 시각성, 심미성의 요건을 갖추어야 한다. 그러나 글자체는 그 자체가 독립성이 있는 구체적인 물품으로서의 유체동산에 해당되지 않지만, 예외적으로 글자체를 물품으로 간주하고 있다.

글자체디자인은 기록이나 표시 또는 인쇄 등에 사용하기 위한 것으로, "한글 글자체" 또는 "숫자 글자체" 등과 같이 한 벌로 이루어진 글자꼴로서 한 벌 전체로서 공통적인 특징을 가진 형태로 만들어야 한다. 한글 글자체, 영문자 글자체, 한자 글자체, 숫자 글자체, 특수기호 글자체 등이 있으며, 각 글자체는 각각 하나의 출원으로 하여야 한다.

2) 글자체디자인의 권리

글자체 디자인권의 일반적인 효력범위 중 출판·인쇄 등 분야의 일반사용자에게 미치는 영향이 큰 글자체의 통상적인 '사용'에 대하여는 디자인권의 효력이 미치지 않는다.

3) 글자체디자인의 성립요건

글자체가 디자인보호법상의 디자인으로 성립되기 위해서는 다음과 같은 요건을 충족하여야 한다.[59] 기록이나 표시 또는 인쇄 등에 사용하기 위한 것일 것, 공통적인 특징을 가진 형태로 만들어진 것일 것, 한 벌의 한글 글자꼴, 한 벌의 영문자 글자꼴, 한 벌의 기타 외국문자 글자꼴, 한 벌의 숫자 글자꼴, 한 벌의 특수기호 글자꼴 또는 한 벌의 한자 글자꼴일 것이어야 한다.

4) 글자체디자인의 출원

한글 글자체, 영문자 글자체, 그 밖의 외국문자 글자체, 숫자 글자체, 특수기호 또는 한자 글자체별로 구분하여 각각 출원하며, 각 출원건마다 「디자인보호법 시행규칙」 별지 제5호 서식(글

---

59 제2조(정의) 제1의2호.

자체 디자인 도면)에서 정하는 【지정글자 도면】, 【보기문장 도면】, 【대표글자 도면】을 도시하여야 한다.

예 [물품명: 한글글자체][디자인등록번호 30-0442534유사4]

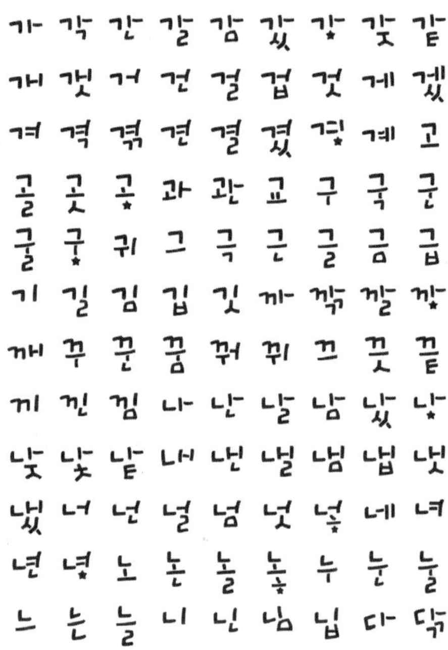

제5장 심사관련 제도

05

심사관련 제도

5.1. 디자인등록출원 심사

디자인등록출원의 심사는 방식심사, 실체심사로 나눈다. 다음 그림은 디자인등록출원의 심사의 흐름을 나타낸다. 디자인등록출원이 되면 방식심사를 하고, 방식심사에서 문제가 없으면 실체심사로 들어가는데 이는 디자인일부심사등록 출원인지 디자인심사등록 출원인지에 따라 실체심사 내용이 달라진다. 실체심사에서 디자인일부심사등록 출원의 경우 등록결정되어 등록공보가 발행되면 이의신청을 청구할 수 있고, 이의신청이 있는 경우 이의결정을 하게 된다. 이의결정에 따라 등록이 유지되거나 등록이 취소된다. 디자인심사등록 출원의 경우는 등록결정이 되면 등록공보가 발행되고 이해관계인은 무효심판을 청구할 수 있다. 심사착수 순서는 특허제도에서는 심사청구 순서에 따라 심사관이 심사를 착수함에 비하여, 디자인제도에서는 심사순서는 출원일 순서에 따른다. 이는 디자인제도에서는 심사청구제도가 없기 때문이다.

출원심사 흐름도 (디자인)

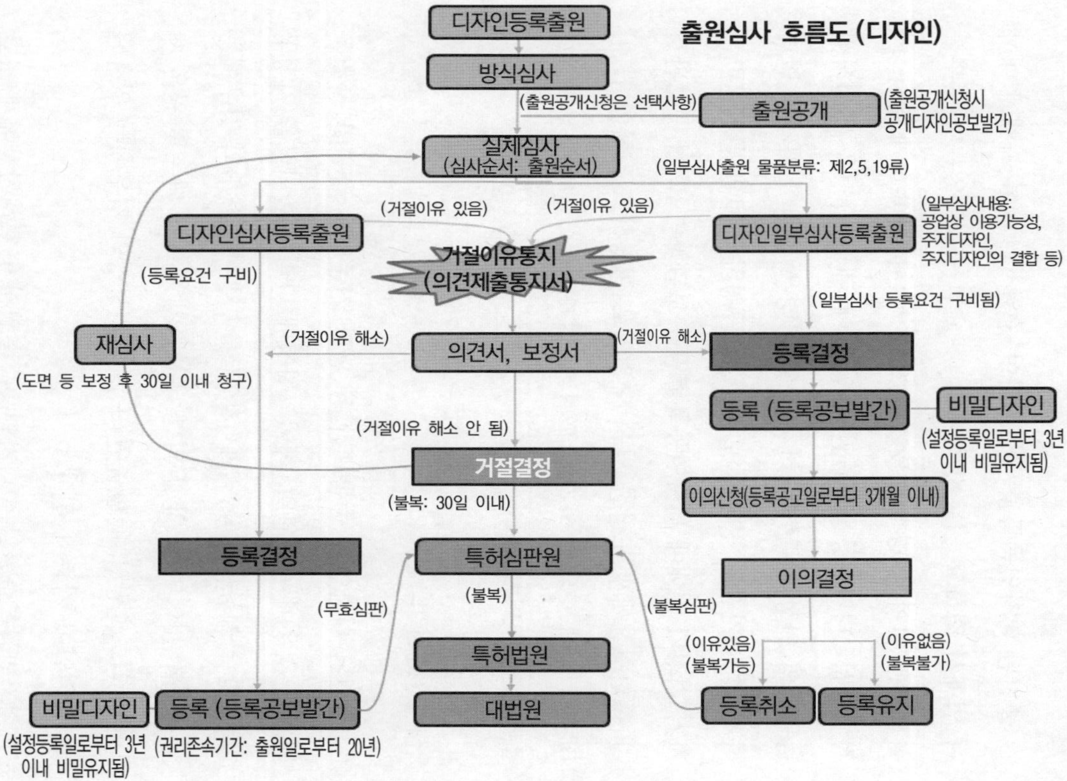
디자인등록출원
방식심사
(출원공개신청은 선택사항)
출원공개
(출원공개신청시 공개디자인공보발간)
실체심사 (심사순서: 출원순서)
(일부심사출원 물품분류: 제2,5,19류)
디자인심사등록출원
디자인일부심사등록출원
(일부심사내용: 공업상 이용가능성, 주지디자인, 주지디자인의 결합 등)
(거절이유 있음)
(거절이유 있음)
거절이유통지 (의견제출통지서)
(등록요건 구비)
(일부심사 등록요건 구비됨)
재심사
(도면 등 보정 후 30일 이내 청구)
(거절이유 해소)
의견서, 보정서
(거절이유 해소)
등록결정
등록 (등록공보발간)
비밀디자인
(설정등록일로부터 3년 이내 비밀유지됨)
(거절이유 해소 안 됨)
거절결정
(불복: 30일 이내)
이의신청(등록공고일로부터 3개월 이내)
등록결정
특허심판원
이의결정
(무효심판)
(불복)
(불복심판)
특허법원
(이유있음) (불복가능)
(이유없음) (불복불가)
비밀디자인
등록 (등록공보발간)
대법원
등록취소
등록유지
(설정등록일로부터 3년 이내 비밀유지됨)
(권리존속기간: 출원일로부터 20년)

1) 방식심사

(1) 내용

출원된 디자인등록출원에 대하여 출원서의 서류 자체에 대하여 법에서 정하고 있는 방식에 따라 요건을 갖추었는지 여부를 심사하는 것이며, 방식에 맞지 않으면 서류를 반려하게 된다. 개정법에서 '디자인등록출원일의 인정'에 관한 규정을 신설하여 출원일의 인정과 관련된 하자가 있는 경우 출원서 자체를 반려하지 않고 기간을 정하여 보완할 것을 명하고 보완명령을 받은 자가 지정기간 내에 디자인등록출원을 보완하면 그 절차 보완서가 특허청장에게 도달한 날을 출원일로 인정하도록 하였다. 지정기간 내에 보완을 하지 않으면 그 디자인등록출원은 부적법한 출원으로 반려가 된다.

(2) 출원일의 인정

출원된 디자인의 등록요건 등 판단 기준일은 출원일[출원을 보완한 경우에는 보완일, 헤이그협정에 따라 대한민국을 지정국으로 한 국제등록(이하 "국제디자인등록출원"이라 한다)의 경우에는 국제등록일]이며, 조약에 의한 우선권의 기초가 되는 출원은 제1국의 최초출원일, 분할출원 또는 출원보정의 경우에는 원출원의 출원일이 기준이 된다.

디자인등록출원일은 디자인등록출원서가 특허청장에게 도달된 날로 인정되지만 디자인등록출원이 아래 어느 하나에 해당하는 경우에는 절차보완서가 특허청장에게 도달한 날을 출원일로 본다. 복수디자인등록출원된 디자인 중 일부 디자인에만 보완이 필요한 경우에는 그 일부 디자인에 대한 절차보완서가 특허청장에게 도달한 날을 복수디자인 전체의 출원일로 본다.

① 디자인등록을 받으려는 취지가 명확하게 표시되지 아니한 경우

② 디자인등록출원인의 성명이나 명칭이 적혀 있지 아니하거나 명확하게 적혀있지 아니하여 디자인등록출원인을 특정할 수 없는 경우

③ 도면·사진 또는 견본이 제출되지 아니하거나 도면에 적힌 사항이 선명하지 아니하여 인식할 수 없는 경우

④ 한글로 적혀 있지 아니한 경우

2) 실체심사

실체심사는 디자인일부심사등록 출원의 경우와 디자인심사등록 출원에 따라 실체심사의 내용이 달라진다. 디자인일부심사등록 출원은 성립요건 등 일부만 심사하고, 디자인심사등록 출원은 디자인등록의 요건을 모두 심사하는 것을 말한다.

디자인일부심사등록 출원의 경우 ① 디자인 성립요건(물품성, 형태성, 시각성, 심미성), ② 공업상 이용가능성, ③ 부등록사유, ④ 국내 또는 국외에서 널리 알려진 형상 · 모양 · 색채(주지디자인 포함) 또는 이들의 결합에 의한 용이창작에 해당하는 경우 등 소정의 요건을 만족시키고 있는지 여부만을 심사한다.

디자인심사등록 출원의 경우 소극적 등록요건으로 부등록사유와, 적극적 등록요건으로 물품의 구분에 따른 출원, 디자인의 성립요건, 공업상 이용가능성, 신규성, 창작성, 선출원주의, 확대된 선출원주의, 1디자인 1출원주의의 원칙, 동적디자인출원의 등록요건, 복수디자인등록출원의 등록요건, 한 벌의 물품의 디자인등록출원의 등록요건, 부분디자인등록출원의 등록요건, 관련디자인등록출원의 등록요건 등의 디자인등록의 모든 요건을 충족하는지를 심사한다.

실체심사 후 출원된 디자인에 거절이유가 있는 경우는 의견제출통지서가 발송된다. 의견제출통지서를 받으면 출원인은 의견서와 필요시 보정서[1]를 제출하여 거절이유를 해소하여야 등록을 받을 수 있다. 거절이유가 있을 경우 거절이유를 통지하여 의견제출 기회를 부여하는 것은 반드시 심사관이 통지하여야 하는 의무사항이다. 심사관은 디자인등록출원에 대하여 거절이유를 발견할 수 없을 때에는 디자인등록결정을 하여야 한다. 이 경우 복수디자인등록출원된 디자인 중 일부 디자인에 대하여 거절이유를 발견할 수 없을 때에는 그 일부 디자인에 대하여 디자인등록결정을 하여야 한다.

1 실무에서는 의견서만 제출하고, 보정서 제출이 없는 경우 대부분 거절결정이 되는 경우가 많으므로 보정서를 제출하는 것이 유리하다.

5.2. 우선심사 제도

1) 우선심사 개요

디자인심사등록출원인은 출원일 후 몇 개월이 지나야 심사관이 해당 디자인등록출원에 대하여 심사에 착수하여 심사결과를 통지받게 되는데, 디자인등록출원 후 등록된 디자인 제품 관련 사업을 시작하기 위해서는 신속하게 등록을 받을 필요성이 있는 등 다음과 같은 사유에 해당한 경우 우선심사를 신청하면 출원인은 우선심사를 받을 수 있다. 첫째, 출원공개 후 디자인등록출원인이 아닌 자가 업으로서 디자인등록출원된 디자인을 실시하고 있다고 인정되는 경우, 둘째, 대통령령으로 정하는 디자인등록출원으로서 긴급하게 처리할 필요가 있다고 인정되는 경우이다. 복수디자인등록출원에 대하여 우선심사를 하는 경우에는 일부 디자인만 우선하여 심사할 수 있다.

2) 우선심사 요건

(1) 우선심사 대상

첫째, 출원공개(헤이그협정에 따른 국제등록공개를 포함) 후 출원인이 아닌 자가 출원인의 허락 없이 업으로서 출원된 디자인을 실시하고 있다고 인정되는 경우

둘째, 디자인 우선심사의 신청에 관한 고시에서 정한 출원 중 어느 하나에 해당하는 경우로서 다음에 해당하는 경우

① 방위산업 분야의 출원 ② 녹색기술 ③ 수출 촉진과 직접

관련된 출원 ④ 국가 또는 지방자치단체의 직무에 관한 출원 및 국공립학교에 설치된 기술이전·사업화에 관한 업무를 전담하는 전담조직이 낸 출원 ⑤ 벤처기업 확인을 받은 기업의 출원 ⑥ 기술혁신형 중소기업으로 선정된 기업의 출원 ⑦ 직무발명보상 우수기업으로 선정된 기업의 출원 ⑦ 국가의 신기술개발지원사업의 결과물에 관한 출원 ⑧ 국가의 품질인증사업의 결과물에 관한 출원 ⑨ 조약에 의한 우선권주장의 기초가 되는 출원(해당 출원을 기초로 하는 우선권주장에 의하여 외국 특허청에서 디자인에 관한 절차가 진행 중인 것만 해당한다) ⑩ 디자인등록출원인이 출원된 디자인을 실시하고 있거나 실시를 준비 중인 출원 ⑪ 전자거래와 직접 관련된 출원 ⑫ 특허청장이 외국 특허청장과 우선심사하기로 합의한 출원 ⑬ 우선심사신청을 하려는 자가 출원된 디자인에 관하여 "선행디자인 조사 전문기관"(한국특허정보원, 윕스)에 해당하는 기관에 선행디자인조사를 의뢰하여 그 조사결과를 특허청장에게 통지하도록 그 전문기관에 요청한 출원

위 ①~⑫까지는 출원된 디자인이 해당되는 이유를 반드시 구비하여야만 하지만, ⑬은 해당되는 특별한 이유가 없어도 "선행디자인 조사 전문기관"에 의뢰하기만 하면 모든 출원된 디자인은 이에 해당하여 우선심사를 받을 수 있다. 다만, "선행디자인 조사 전문기관"에 의뢰하는 경우 별도의 비용을 지불하여야 한다.

(2) 우선심사 신청인

출원인은 물론, 누구든지 우선심사를 신청할 수 있다. 출원공개(헤이그협정에 따른 국제등록공개를 포함) 후 디자인등록출원인이 아닌 사람이 업으로서 실시 중인 경우, 그 사람도 우선심사를 신청할 수 있다. 다만, 국가 또는 지방자치단체의 직무에 관한 출원 및 국공립학교에 설치된 기술이전·사업화에 관한 업무를 전담하는 전담조직이 낸 출원에 대하여는 국가 또는 해당 지방자치단체 및 국공립학교 안에 설치된 기술이전·사업화 전담조직만이 우선심사를 신청할 수 있다.

(3) 우선심사 신청절차

우선심사를 신청하려면 우선심사신청서와 함께 우선심사신청설명서와 증빙서류를 제출하여야 한다. 우선심사의 신청에 관한 증빙서류는 신청이유에 해당하는 객관적인 증빙서류를 하나 이상 첨부하여야 한다. 다만, 국가 또는 지방자치단체의 출원의 경우에는 특별한 이유가 없는 한 증빙서류의 제출이 없이도 국가 또는 지방자치단체의 직무로 인정 된다.

복수디자인등록출원인 경우에는 디자인의 전부 또는 일부에 대하여 우선심사를 신청할 수 있다. 다만, 국제디자인등록출원인 경우에는 디자인 전부에 대하여 우선심사를 신청하여야 한다. 우선심사 신청 승인 여부에 대한 판단은 통상 심사관 이송일로부터 15일 이내에 우선심사 여부를 결정하고, 우선심사를 하기로 결정한 출원에 대한 심사는 우선심사결정서 발송일로부터 2

개월 이내에 착수하게 된다.

5.3. 디자인일부심사등록출원의 심사

1) 디자인일부심사등록출원을 할 수 있는 디자인

일부심사출원을 할 수 있는 물품으로 지정되지 않은 물품의 디자인이 일부심사출원된 경우에는 디자인등록출원에 위반되어 등록을 받을 수 없다. 디자인일부심사등록출원을 할 수 있는 디자인의 범위는 디자인 물품류 구분에 따라 제2류(의류 및 패션잡화용품), 제5류(섬유제품, 인조 및 천연 시트직물류), 제19류(문방구, 사무용품, 미술재료, 교재) 중 어느 하나의 물품류에 속하는 물품에 관한 디자인으로 한정한다. 이 물품에 해당하지 않은 물품을 일부심사출원으로 출원하면 등록을 받을 수 없게 된다.

2) 디자인일부심사등록출원에 대한 심사 범위

디자인은 유행성이 강하므로 디자인을 출원하고 심사결과가 나오기까지 몇 개월씩 기다려 등록을 받을 경우 이미 그 디자인은 시장에서 사라지고 없는 경우가 많기 때문에 심사에 많은 시간이 소요되는 사항은 심사를 하지 않고 기본적인 사항만 심사하고 등록을 신속하게 해 주고, 등록된 디자인에 대하여 이의신청이 있는 경우에만 이의신청을 받아 공중의 심사를 거쳐 등록여부를 결정한다는 것이 디자인일부심사 제도의 취지이다.

(1) 심사하지 않는 사항

디자인일부심사등록출원에 대하여는 디자인등록의 요건 중 신규성, 용이창작 중 공지디자인에 의한 용이창작, 확대된 선출원, 관련디자인에서 자기의 관련디자인과만 유사한 디자인, 선출원에 대하여는 심사하지 않는다.

(2) 심사하는 사항

디자인일부심사등록출원이 다음에 해당하는 사항은 실체심사를 하고 등록여부를 결정한다. 공업상 이용가능성 여부, 국내 또는 국외에서 널리 알려진 형상·모양·색채(주지디자인 포함) 또는 이들의 결합에 의한 용이창작 여부와, 관련디자인으로 출원된 일부심사등록출원이 다음 어느 하나에 해당하는 경우이다.

① 관련디자인등록출원되거나 관련디자인등록된 디자인을 기본디자인으로 표시한 경우

② 기본디자인의 디자인권이 소멸(존속기간 만료, 연차등록료 미납에 의한 소멸, 취소결정 또는 무효심결 확정 등)된 경우

③ 기본디자인으로 표시된 디자인등록출원이 무효·취하·포기되거나 거절결정이 확정된 경우

④ 출원인이 기본디자인의 디자인권자(또는 출원인)와 다른 경우

⑤ 디자인이 기본디자인과 유사하지 아니한 경우

⑥ 기본디자인의 출원일로부터 1년이 경과한 후에 출원된 경우

⑦ 기본디자인의 디자인권에 전용실시권이 설정되어 있는 경우

⑧ 2014.6.30일 이전 등록디자인 또는 출원디자인을 기본디자인으로 한 것으로서 2015.7.1일 이후 출원된 경우

(3) 정보제공이 있는 경우의 심사범위

디자인일부심사등록출원에 대하여 제3자의 정보제공에 따른 정보 및 증거의 제공이 있는 경우에는 그 증거자료에 근거하여 실체심사를 하고 등록여부를 결정할 수 있다.

5.4. 디자인일부심사등록 이의신청의 심사

1) 이의신청의 요건

디자인일부심사등록에 대하여 누구든지 디자인일부심사등록 이의신청에 따라 이의신청을 할 수 있다. 이의신청에 해당하는 사유는 다음과 같다.

① 외국인의 권리능력에 위반된 경우

② 디자인등록의 요건에 위반된 경우

③ 디자인등록을 받을 수 없는 디자인에 위반된 경우

④ 관련디자인에서 관련디자인과만 유사한 디자인 및 기본디자인의 디자인권에 전용실시권이 설정되어 있는 디자인인 경우

⑤ 공동출원에 위반된 경우

⑥ 선출원에 위반된 경우

⑦ 디자인등록을 받을 수 있는 자가 아닌 경우

⑧ 조약에 위반된 경우

2) 이의신청 절차

(1) 이의신청의 기간

디자인일부심사등록 이의신청은 디자인권이 설정등록된 날부터 디자인일부심사등록공고일 후 3개월이 되는 날까지이다. '디자인일부심사등록공고일'이란 해당하는 디자인일부심사등록이 게재된 등록디자인공보가 발행된 날을 말한다. 비밀디자인으로 등록된 디자인일부심사등록에 대한 이의신청은 디자인권이 설정등록된 날부터 그 디자인에 대한 비밀이 해제되어 도면 등이 게재된 등록디자인공보의 발행일 후 3개월 이내에 하여야 한다.

(2) 복수디자인등록에 대한 이의신청

복수디자인등록출원에 따른 디자인등록에 대해서는 각 디자인마다 이의신청을 하여야 한다.

(3) 이의신청의 취하

이의신청인은 이의신청을 취하할 수 있다. 그러나 이의신청 심사에서의 직권심사에 대한 의견진술의 통지가 있은 후 또는 이의신청에 대한 결정등본이 송달된 후에는 이의신청을 취하할 수 없다.

3) 이의신청 심사

이의신청이 있을 때에는 디자인권자에게 이의신청서 부본을 송달하고 기간을 정하여 답변서를 제출할 수 있는 기회를 주며,

해당 디자인권의 전용실시권자나 그 밖에 디자인에 관하여 등록을 한 권리를 가지는 자에게 통지 된다. 이의신청에 대한 심사는 직권심사로서 심사관 합의체(보통 3인)에서 결정하고, 이의신청에 관하여 디자인권자나 이의신청인이 신청하지 않은 이유에 대하여도 심사할 수 있다. 그러나 이의신청인이 신청하지 않은 등록디자인에 관하여는 심사할 수 없다.

이의신청에 대한 결정은 이의신청이 이유 있다고 인정될 경우에는 디자인등록취소결정을 하며, 이의신청이 이유 없다고 인정될 경우에는 이의신청기각결정을 한다. 디자인등록취소결정에 대하여는 출원인이 불복할 수 있으나, 이의신청기각결정에 대해서는 이의신청인이 불복할 수 없다. 이는 이의신청인에게는 무효심판이라는 제도가 있어서 또 다시 기회가 있으나, 출원인은 등록취소에 대한 불복기회가 없기 때문이다.

5.5. 재심사

1) 재심사 청구 대상

디자인등록거절결정 등본을 송달받은 날부터 30일 이내에 출원서의 기재사항, 도면의 기재사항 및 도면, 사진이나 견본을 보정하여 재심사를 청구할 수 있다. 재심사를 청구할 수 없는 경우는 재심사에 따른 거절결정이 있거나, 디자인등록거절결정 또는 디자인등록취소결정에 대한 거절결정불복심판의 청구가 있는 경우에는 재심사를 청구할 수 없다.

2) 재심사 청구의 절차

재심사 청구방법은 보정서에 재심사청구의 취지를 표시하여야 한다. 재심사를 청구하는 경우에 있어 출원의 보정은 재심사를 청구하는 때에만 보정할 수 있고, 의견서를 함께 제출할 수 있다. 재심사 청구 기한은 디자인등록거절결정 등본을 송달받은 날부터 30일 이내에 청구하여야 하며, 디자인등록거절결정 또는 디자인등록취소결정에 대한 심판에 따른 기간이 연장된 경우에는 그 연장기간 이내에 청구하여야 한다. 재심사 청구는 취하할 수 없다.

3) 재심사가 청구된 출원의 심사

재심사가 청구된 출원에 대해서는 재심사를 청구하는 보정서가 심사관에게 이송된 날로부터 1개월 이내에 심사를 착수한다. 재심사가 청구된 출원에 대한 재심사의 범위는 재심사 청구의 대상이 아닌 사항에 대하여도 심사관 직권으로 심사할 수 있다. 재심사의 결과 재심사의 청구가 적법한 경우에는 당초의 거절결정은 취소된 것으로 보며, 재심사에 의하여도 당초 거절이유가 해소되지 않은 경우에는 거절결정을 한다. 재심사에 의하여 당초 거절이유가 해소되고 새로운 거절이유가 발견되지 않은 경우에는 등록결정을 한다. 재심사에 의하여 새로운 거절이유를 발견한 경우에는 의견제출통지를 하고 일반 심사절차에 따라 심사가 진행된다.

4) 재심사 청구사유 확대 관련 법 개정 의의

구법 제18조 제1항에서 디자인등록출원인은 최초의 디자인등록출원의 요지를 변경하지 아니하는 범위 안에서 디자인등록출원서의 기재사항, 디자인등록출원서에 첨부한 도면, 도면의 기재사항 및 사진이나 견본을 보정할 수 있다고 규정하고 있었으나, 개정법 제64조 제1항에서는 보정가능 사항 전부에 대하여 보정할 수 있도록 개정하였다. 또한, 구법에서는 재심사 청구시 의견서 제출 규정이 없었으나 개정법 제2항에서는 의견서를 제출할 수 있는 기회를 부여하고 있다. 이로서 구법에서 재심사 청구 사유의 제한으로 디자인등록출원인에게 불편을 초래하였던 사항이 해소되었다.

5.6. 일괄심사제도

1) 일괄심사제도 개요

일괄심사제도는 기업의 사업전략에 따라 다수의 출원을 원하는 시기에 맞추어 심사해주는 제도로서 특허·실용신안·상표·디자인 모두 신청이 가능하다. 이 제도를 이용하게 되면 특허에서 상표, 디자인까지 한꺼번에 심사 결과를 받을 수 있게 되어, 창조경제의 핵심기반인 융·복합 기술에 대한 지식재산권을 일괄하여 확보할 수 있다. 일괄심사 제도는 출원인의 설명회를 통해 심사관(특허·디자인·상표 심사관)들이 출원인과 능동적으로 소통·협력하게 하고, 한 번의 일괄심사 신청으로 여러 지식재산권을 기업이 원하는 시기에 심사해주는 맞춤형·원스톱 심사지원 서비스이다. 동시에 특허·실용신안·상표·디자인 심사부서가 협업하여 다양한 지재권에 대해 동시에 심사서비스를 제공이 가능한 제도이다. 일괄심사제도는 기업의 특허전략 수립과 시기적절한 신제품에 대한 지식재산권 보호에 유용한 제도이다.

2) 일괄심사 신청 절차 및 요건

제품 사진 또는 거래 영수증 중 하나만 증명서류로 제출하면 되며, 기업의 영업비밀 보호를 위하여 필요한 경우 신제품 사업준비 증명자료를 특허청에 제출하는 대신 심사관이 열람하는 것만으로도 가능하다. 일괄심사 신청대상은 '사업실시 또는 준비', '해외 수출' 관련 출원이다. 중소기업 및 창업 지원을 위해 '벤처

일괄심사 신청 예)

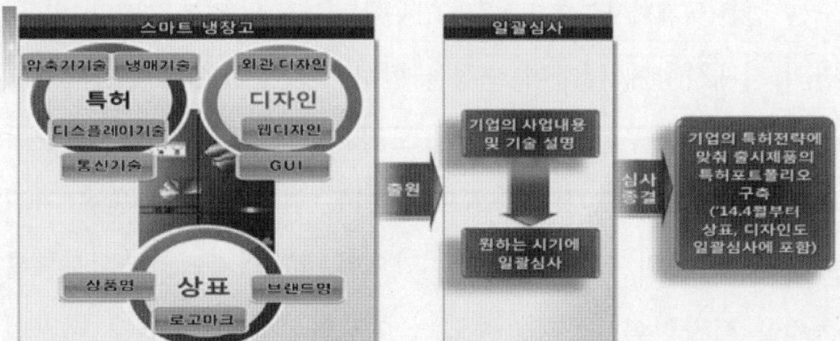

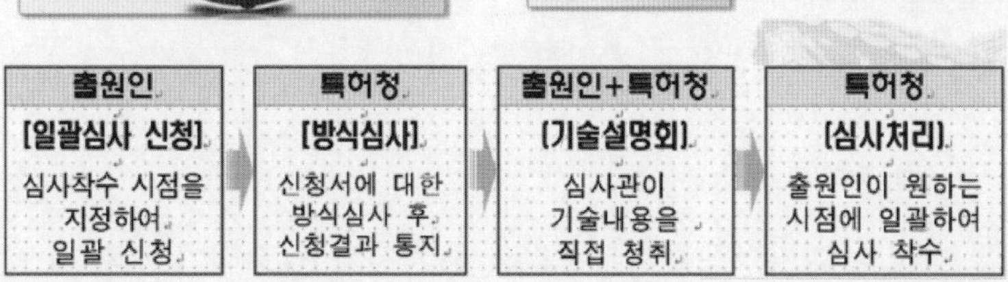

기업', '기술혁신형 중소기업', '1인 창조기업'의 출원도 일괄심사 신청이 가능하다. 일괄심사 신청은 특허청이 운영하는 온라인 특허출원사이트인 '특허로(www.patent.go.kr)'를 통해 하면 된다.

5.7. 출원의 보정제도

1) 보정의 요건

(1) 보정의 주체 및 보정범위

출원을 보정할 수 있는 자는 출원인이다. 보정은 당초 서류 등의 오기나 불명확한 기재 등을 정정하거나 보충하는 것으로서 '최초 출원'의 '요지를 변경'하지 않는 범위 안에서 해야 한다.

(2) 보정의 대상

보정의 대상은 출원서의 기재사항, 이에 첨부한 도면, 사진 또는 견본(국제디자인등록출원의 경우에는 사진 및 견본은 제외) 및 도면의 기재사항에 대하여 보정을 한다. 또한, 출원(국제디자인등록출원은 제외)의 구분을 변경하는 보정으로는 i) 관련디자인등록출원을 단독 디자인등록출원으로, 단독 디자인등록출원을 관련디자인등록출원으로 변경할 수 있으며, ii) 디자인일부심사등록출원을 디자인심사등록출원으로, 디자인심사등록출원을 디자인일부심사등록출원으로 변경할 수 있다.

(3) 보정의 시기

보정은 디자인등록여부결정의 통지서가 발송되기 전까지 할 수 있다. 다만, 국제디자인등록출원의 경우에는 국제등록공개가 있은 날부터 디자인등록여부결정의 통지서가 발송되기 전까지 할 수 있다. 재심사의 청구에 따라 재심사를 청구하는 경우에는 재심사를 청구하는 때에 보정할 수 있다. 디자인등록거절결정 또는 디자인등록취소결정에 대한 심판에 따라 심판을 청구하는 경우에는 그 청구일로부터 30일 이내에 보정할 수 있다.

2) 직권보정

(1) 직권보정의 시기 및 범위

심사관은 디자인등록출원(국제디자인등록출원은 제외)에 대하여 등록결정을 할 때에 물품의 명칭, 디자인의 설명 또는 창작내용의 요점란 기재에 명백한 오기가 있는 경우에 직권으로 보정할 수 있다. 예로, 디자인의 설명란 등에 기재된 내용 중 '고안'을 '창작'으로, '의장'을 '디자인'으로 심사관이 직권으로 보정할 수 있다.

(2) 직권보정의 절차

직권보정을 한 경우에는 디자인등록결정 등본의 송달과 함께 그 내용이 출원인에게 통지되며, 출원인이 직권보정의 일부 또는 전부를 받아들일 수 없다는 의견서를 제출할 경우에는 직권보정이 없었던 것으로 보고, 디자인등록결정을 취소하고 처음부터 다시 심사한다.

3) 직권보정제도 도입 관련 법 개정 의의와 과제

(1) 개정 내용

구법에는 없는 직권보정제도를 개정법에서 도입하였다. 개정법 제66조(직권보정) 제1항에서 "심사관은 제65조에 따른 디자인등록결정을 할 때에 디자인등록출원서 또는 도면에 적힌 사항이 명백히 잘못된 경우에는 직권으로 보정(이하 "직권보정"이라 한다)을 할 수 있다."고 규정하고 있고, 제2항에서 "제1항에 따라 심사관이 직권보정을 한 경우에는 제67조 제2항에 따른 디자인등록결정 등본의 송달과 함께 그 직권보정 사항을 디자인등록출원인에게 알려야 한다."고 규정, 제3항에서 "디자인등록출원인은 직권보정 사항의 전부 또는 일부를 받아들일 수 없는 경우에는 제79조 제1항에 따라 디자인등록료를 낼 때까지 그 직권보정 사항에 대한 의견서를 특허청장에게 제출하여야 한다."고 규정, 제4항에서 "디자인등록출원인이 제3항에 따라 의견서를 제출한 경우 해당 직권보정 사항의 전부 또는 일부는 처음부터 없었던 것으로 본다."고 규정, 제5항에서 "제4항에 따라 직권보정의 전부 또는 일부가 처음부터 없었던 것으로 보는 경우 심사관은 그 디자인등록결정을 취소하고 처음부터 다시 심사하여야 한다."고 규정하고 있다.

(2) 개정 의의

구법에서는 디자인등록출원서 또는 도면에 기재된 사항이 명백히 잘못된 경우에도 심사관이 거절이유를 통지하여 이를 바로

잡는 보정을 하여야만 하므로 디자인등록이 늦어지는 문제점이 있었다. 이와 같은 문제점을 개정법에서 직권제도를 도입함으로서 심사관이 디자인등록결정을 할 때에 디자인등록출원서에 명백한 오기가 있는 경우에는 디자인등록출원인에게 보정요구서를 발송하지 않고, 당해 디자인등록출원을 심사한 심사관이 직권으로 보정할 수 있도록 하여 심사처리지연을 방지하고 신속히 권리를 등록할 수 있게 되었다. 개정법에서 새로 도입된 직권보정제도는 이미 특허법과 상표법에서 규정하고 있는 제도로서 다른 산업재산권법과 동일하게 조화를 이루게 된 것이다.

(3) 검토 과제

개정법 제66조 제5항에서는 직권보정의 전부 또는 일부가 처음부터 없었던 것으로 보는 경우 심사관은 그 디자인등록결정을 취소하고 처음부터 다시 심사하여야 한다고 규정하고 있는데 이는 특허법이나 상표법에서는 두고 있지 않는 규정이다. 이는 당초의 개정(안) 제66조 제5항은 심사관이 다시 심사할 필요가 있다고 인정할 때에 직권으로 그 디자인등록결정을 취소하고 처음부터 다시 '심사할 수 있다'고 임의규정으로 하고 있었으나, 심사관이 다시 심사할 대상과 심사하지 않을 대상이 명확하지 않다는 이유로 심사관의 직권보정에 대해 출원인이 전부 또는 일부를 받아들이지 않고 의견서를 제출한 경우에는 심사관은 의무적으로 그 디자인등록결정을 취소하고 처음부터 다시 심사하도록 강제규정으로 하였다. 그러나 이와 같은 규정은 다른 산업재산권법과 부조화를 이룰뿐더러, 디자인등록출원인에게 심사관이 한 직권보정 내용의 범위를 벗어나서 폭넓은 보정의 기회를 허용하게 되는 문제점도 있게 되며, 심사는 심사관이 당해 디자인 출원에 대하여 거절결정 또는 등록결정을 하는 것은 심사관의 판단에 따르도록 되어 있음에도 '다시 심사할 대상과 심사하지 않을 대상이 명확하지 않다는 이유로' 개정법 제66조 제5항에 해당하는 모든 건에 대하여 다시 심사하도록 하는 것은 지나치게 심사관의 판단을 제한하는 것이 된다. 또한, 디자인등록출원인은 직권보정에 대하여 의견서를 제출하게 되는 경우 재심사를 감수해야 하는 문제점도 있다.

4) 출원의 요지변경

(1) 요지변경의 일반적 판단기준

요지변경이란 출원서에 기재된 디자인의 대상이 되는 물품, 출원서에 첨부된 도면(3D 모델링 도면 및 견본 포함) 및 도면의 기재사항 등을 종합적으로 판단하여 최초에 출원된 디자인과 보정된 디자인 간에 동일성이 유지되지 않는 것을 말한다. 디자인의 요지란 그 디자인이 속하는 분야에서 통상의 지식에 기초하여 출원서의 기재, 도면 및 도면의 기재 등으로부터 직접적으로 도출되는 디자인의 구체적인 내용이다. 보정이 최초 출원서의 기재사항, 첨부된 도면 및 도면의 기재사항의 요지를 변경할 경우에는 보정각하결정 된다.

(2) 요지변경으로 되는 경우

가. 도면의 보정에 있어서 요지변경으로 되는 경우의 예

① 최초의 도면 등에 표현된 형상·모양이나 색채상의 부가, 삭감, 변경 등으로 인하여 물품의 외관에 영향을 미치는 경우. 다만, 그 부가, 삭감, 변경 등이 외관에 거의 영향을 미치지 않는 경미한 정도의 것은 예외이다.

② 도면 중 불일치한 일면을 중심으로 하여 다른 도면을 정정함으로써 최초에 제출한 도면으로부터 상기되는 것과 다른 디자인이 되는 경우

③ 도면에는 형상만이 그려지고 '디자인의 설명'란에 색구분 또는 색흐림이 있다고 설명되어 있는 것을, 그 설명과 같이 도면을 보정한 것이 통상 그 물품으로서 실시되는 정도의 상식적인 표현이 아닌 경우

④ 복수디자인등록출원의 출원서에 적힌 디자인의 수에 맞춰 도면을 추가로 제출하는 경우

예 출원서에는 10개의 디자인에 대한 출원으로 표시되어 있으나 도면은 9개의 디자인에 대한 것만 첨부된 출원에 있어 1개 디자인에 대한 도면을 추가로 제출하는 경우

⑤ 도면을 보정하거나 추가로 제출하는 경우 최초 출원 시 제출된 도면으로부터 당연히 도출될 수 있는 일반적인 형상을 나타내는 것이라고 판단되지 않을 경우

⑥ 첨부도면으로 추측하여 상식적으로 판단되는 범위를 벗어

날 정도로 디자인의 설명을 보정하는 경우

나. 물품명의 보정에 있어서 요지변경으로 되는 경우의 예

디자인의 대상이 되는 물품의 명칭이 동일물품 외의 물품으로 보정되는 경우. 다만, 최초 제출한 도면 등을 기준으로 판단하여 단순한 착오나 오기를 정정하는 것으로 인정되는 경우에는 예외로 한다. 예로, 물품명을 "접시"에서 "재떨이"로 변경하는 것은 요지변경이 된다.

(3) 요지변경이 아닌 경우

가. 도면의 보정에 있어서 요지변경이 아닌 경우의 예

① 도면으로 제출한 디자인을 사진 또는 견본으로 보정하거나, 반대로 사진 또는 견본으로 제출한 디자인을 도면으로 보정한 경우에 도면 또는 사진 등을 그대로 실시하면 그렇게 될 것이라고 추측될 수 있는 범위에서 보정하는 경우. 다만, 이 경우의 디자인은 참고도면을 제외하고는 도면 또는 사진 등 한가지로 통일되게 작성되어야 한다.

② 3D 모델링 도면으로 제출된 3차원 모델링 파일의 실행 시 도면의 일부가 깨지거나 터지는 현상이 발생된 경우에 디자인의 동일성이 인정되는 범위에서 같은 3D 모델링 도면으로 보정하는 경우 및 하나의 디자인을 도면과 3D 모델링 도면을 혼합하여 표현한 경우에 보정에 의하여 한가지의 도면이나 3D 모델링 도면으로 통일되게 보정한 경우

③ 도면 등이 너무 작거나 불선명한 경우에 최초에 출원한 것과 동일성을 상실하지 않는 범위에서 적당한 크기 또는 선명한 것으로 보정하는 경우

④ 선명한 사진이더라도 배경 등 불필요한 것이 촬영되어 있어서 디자인을 정확히 알 수 없는 경우에 그 배경, 음영 등을 제거하기 위하여 보정하는 경우

⑤ 도형 안에 음영, 지시선, 그 밖에 디자인을 구성하지 않는 선·부호 또는 문자 등을 표현하고 있는 경우에 이들을 제거하기 위하여 보정하는 경우

⑥ 디자인의 설명이나 도면 등의 오기를 정정하거나 미세한 부분의 불명확한 것을 명확하게 하는 경우

⑦ 복수디자인등록출원된 디자인의 일부를 취하하기 위하여 출원디자인의 일부를 삭제 보정하는 경우

⑧ 디자인등록출원서에 첨부된 [디자인의 창작내용의 요점]의 변경. 이는 [디자인의 창작내용의 요점]에 기재된 내용은 권리범위에 영향을 미치지 않기 때문이다.

⑨ 복수디자인등록출원에 있어 출원서에 적힌 디자인의 수를 첨부된 도면상 디자인의 수에 맞춰 보정하는 경우

나. 물품명의 보정에 있어서 요지변경이 아닌 경우의 예

디자인의 대상이 되는 물품의 명칭의 오기를 정정하거나 불명확한 것을 명확하게 하는 경우,

물품의 범위가 포괄적인 명칭을 그 하위개념에 속하는 구체

적인 명칭으로 보정하는 경우는 요지변경이 아니다. 예로, "옥외 조명등"을 "가로등"으로 변경하는 것은 요지변경이 아니다.

다. 관련디자인등록출원을 단독 디자인등록출원으로 변경하는 보정 및 단독 디자인등록출원을 관련디자인등록출원으로 변경하는 보정을 하는 것은 요지변경이 아니다.

라. 디자인일부심사등록출원을 디자인심사등록출원으로 변경하는 보정 및 디자인심사등록출원을 디자인일부심사등록출원으로 변경하는 보정을 하는 것은 요지변경이 아니다.

(4) 부분디자인의 보정에 있어 요지변경 판단기준

가. 부분디자인에 있어서 요지변경이란 다음 각 호의 요소를 종합적으로 판단하여 최초에 출원된 디자인과 보정된 디자인 간에 동일성이 유지되지 않는 것을 말한다.

① 디자인의 대상이 되는 물품

② 부분디자인으로 등록을 받으려는 부분의 기능·용도

③ 해당 물품 중에서 부분디자인으로 등록을 받으려는 부분이 차지하는 위치·크기·범위

④ 부분디자인으로 등록을 받으려는 부분의 형상·모양·색채 또는 이들의 결합

나. 출원서의 '부분디자인 여부 란'에 대한 보정에 있어 요지변경 여부

최초 출원서 및 도면 등을 종합적으로 고려하여 부분디자인

출원으로 당연히 인정되는 경우에 부분디자인 여부를 삭제하는 보정은 요지변경에 해당한다. 또한 부분디자인 출원인지 전체디자인 출원인지가 불분명한 경우에 부분디자인 여부를 삭제하는 보정은 요지변경에 해당한다.

최초 출원서 및 도면 등을 종합적으로 고려하여 전체디자인 출원으로 당연히 인정되는 경우에 부분디자인 여부 란을 삭제하는 보정은 요지변경에 해당하지 않는다. 부분디자인 출원으로 당연히 인정되는 경우에 부분디자인 여부를 추가하는 보정은 요지변경에 해당하지 않는다.

(5) 글자체디자인의 요지변경 판단기준

글자체디자인의 요지변경 여부에 대한 판단은 지정글자 도면을 기준으로 한다. 글자체디자인에 관한 보기문장 도면 또는 대표글자 도면을 기준으로 하여 지정글자 도면을 보정함으로써 최초에 제출한 도면으로부터 예측되는 것과 다른 디자인이 되는 경우는 요지변경이다.

글자체디자인에 관한 지정글자 도면, 보기문장 도면 또는 대표글자 도면 중 일부가 부족한 경우에 그것을 보충하기 위한 도면이 이미 제출된 도면으로부터 예측될 수 있는 디자인과의 동일성이 상실되지 않는 정도의 것으로 보정된 경우와, 최초 제출된 도면을 기준으로 상거래 관행상 당 업계의 수준에서 상식적으로 판단하여 동일성이 인정되는 범위에서 글자체디자인에 관한 지정글자 도면을 기준으로 하여 보기문장 도면 또는 대표글자 도면을 보정하는 경우는 요지변경이 아니다.

5) 보정의 효과

보정 요건을 충족하는 경우에 해당 서류는 보정된 후의 상태로 출원 당시에 제출된 것으로 본다. 보정이 최초 출원의 요지를 변경하는 것으로 등록여부결정 전에 인정되는 경우에는 각하된다. 보정이 최초 출원의 요지를 변경하는 것으로 디자인권의 설정등록이 있은 후에 인정되는 경우에는 그 보정서를 제출한 때에 출원한 것으로 본다.

6) 보정기회의 확대 관련 법 개정 의의

구법 제18조 제1항에서 디자인등록출원인은 최초의 디자인등록출원의 요지를 변경하지 아니하는 범위 안에서 디자인등록출원서의 기재사항, 디자인등록출원서에 첨부한 도면, 도면의 기재사항 및 사진이나 견본을 보정할 수 있다고 규정하고 있었으나, 개정법 제64조 제1항에서는 보정가능 사항 전부에 대하여 보정할 수 있도록 개정하였다. 보정의 시기에 관하여 구법에서는 거절결정불복심판 청구시 보정을 할 수 없으나, 개정법에서는 거절결정불복심판 청구 후에도 30일 이내에 보정을 할 수 있도록 개정하였다. 이로서 개정법에서 거절결정불복심판청구시 30일 이내에는 보정할 수 있게 되어 출원인의 편의를 도모할 수 있게 되었다. 특허법에서는 거절결정불복심판을 청구하는 경우 더 이상의 보정기회가 없으나, 개정법에서는 심판청구 후 30일 이내에는 보정할 수 있다는 점이 다르다.

5.8. 출원의 분할제도

1) 분할출원의 개요

2이상의 디자인을 1디자인등록출원으로 출원한 자 또는 복수 디자인등록출원을 한 자는 디자인등록출원의 일부를 1 이상의 새로운 디자인등록출원으로 분할하여 디자인등록출원을 할 수 있다. 분할에 따른 새로운 출원의 출원인은 원출원의 출원인과 동일인이거나 그 승계인이어야 한다. 출원(국제디자인등록출원은 제외)의 분할은 디자인등록출원을 보정할 수 있는 시기에 할 수 있으며, 국제디자인등록출원의 경우에는 거절이유통지를 받은 때에만 분할할 수 있다.

2) 분할출원의 대상

(1) 분할의 대상이 되는 출원은 심사 또는 심판에 계속 중인 것으로서 다음의 하나에 해당하여야 한다.

① 1디자인 1디자인등록출원 원칙을 위반하여 2이상의 디자인을 1디자인등록출원으로 한 것으로서, 예로, 출원서 또는 도면의 '디자인의 대상이 되는 물품'란에 "오토바이 및 오토바이완구"와 같이 둘 이상의 물품명을 기재한 것, 도면에 "의자"에 관하여 각각 다른 형태로 구성된 둘 이상의 디자인을 도시한 것, 부분디자인등록출원의 도면에 형태

적 또는 기능적으로 일체성이 인정되지 않고 물리적으로 분리된 2이상의 부분을 '부분디자인으로 등록을 받으려는 부분'으로 도시한 것들은 분할출원을 할 수 있다.

② 복수디자인등록출원에 따라 복수디자인등록출원으로 한 것

③ 복수디자인등록출원된 하나의 일련번호의 디자인에 2이상의 디자인을 도시한 것

④ 복수디자인등록출원에 물품류가 다른 물품이 포함된 것

⑤ 한 벌의 물품의 디자인에 따른 한 벌의 물품의 디자인의 성립요건을 충족하지 못한 것

(2) 분할에 따른 새로운 출원의 디자인은 원출원에 포함되어 있던 둘 이상의 디자인 가운데 하나와 동일한 것이어야 한다.

(3) 분할의 대상이 되지 않는 경우의 예

① 1디자인 1디자인등록출원으로 출원한 완성품 디자인에 관한 디자인등록출원을 각각의 부품별로 분할하는 것

② 한 벌의 물품의 디자인의 요건을 충족하고 있는 디자인등록출원을 각 구성물품별로 분할하는 것

③ 물리적으로 분리된 2이상의 부분이 형태적 또는 기능적으로 일체성이 인정되어 1디자인 1디자인등록출원 요건을 충족하는 부분디자인등록출원을 각각의 부분으로 분할하는 것

3) 분할출원의 방법

(1) 둘 이상의 디자인을 하나의 디자인등록출원으로 출원한 경우 출원의 분할은 다음과 같이 한다.

① 하나의 출원으로 되어 있는 둘 이상의 디자인 중에 하나의 디자인만을 등록받으려는 경우에는 원출원을 하나의 디자인에 대한 출원으로 보정하여야 한다.

② 하나의 출원으로 되어 있는 둘 이상의 디자인을 둘 이상의 디자인등록출원으로 분할하려는 경우에는 원출원을 하나의 디자인에 대한 출원으로 보정함과 아울러, 나머지 디자인 중 등록을 받으려는 디자인마다 분할하여 출원하여야 한다.

(2) 한 벌의 물품의 디자인으로 출원되었으나 그 성립요건을 충족하지 못한 경우에는 구성물품별로 디자인마다 분할하여 출원할 수 있다. 예로, 다음과 같은 것이 있다.

① "한 벌의 태권도복 세트"를 출원하면서 태권도복 상의와 등산복 하의 도면을 제출한 경우

② "한 벌의 신발 가방 및 책가방 세트"를 출원하면서 이들 물품에 여행용 가방을 포함하여 제출한 경우

(3) 복수디자인등록출원에 대한 출원의 분할은 다음과 같이 한다.

① 출원의 분할에 따라 출원디자인의 수가 변동된 경우에는

원출원의 출원서 및 도면을 보정함과 아울러, 분할되는 디자인은 디자인등록출원서에 의하여 분할하여 출원한다. 출원의 분할에 따라 원출원이 하나의 디자인만을 출원하는 것으로 된 경우에는 원출원의 출원서상 "복수디자인"의 표시를 "1디자인"으로 보정하여야 하고, 출원의 분할은 통상의 디자인등록출원과 동일한 절차에 의하여 출원서를 제출한다.

② 복수디자인등록출원된 하나의 일련번호의 디자인에 둘 이상의 디자인이 포함된 경우에는, 분할하여 출원하거나 각각 하나의 일련번호의 디자인으로 보정하여야 한다. 다만, 도면을 보정함으로써 출원디자인의 수가 100개를 초과하게 되는 때에는 분할하여 출원하여야 한다.

4) 분할출원의 인정

분할의 요건을 충족하는 경우에는 새로운 출원은 최초에 출원을 한 때에 출원한 것으로 본다. 따라서, 최초 출원일과 분할출원일 사이에 출원된 다른 디자인등록출원이나 그 사이에 공지된 디자인 등으로 인하여 거절결정이 되지 않는다. 만약, 출원의 분할이 인정되지 않으면 분할이 있었던 때에 새로운 디자인등록출원을 한 것으로 취급된다.

다음과 같은 경우에는 분할출원한 때를 기준으로 한다.

① 신규성 상실 예외주장의 시기 및 증명서류 제출기간을 적용할 때는 원출원일이 아니라, 분할출원일을 기준으로 적

용한다. 분할출원을 할 때, 자기의 디자인이 공지된 경우 그 공지디자인이 최초에 공지된 날로부터 6개월 이내에 분할출원을 해야 한다. 즉, 본인의 디자인이 공지된 경우 원디자인등록출원 뿐 아니라 분할출원도 공지된 날로부터 6개월 이내에 출원해야 하는 것을 의미한다.

② 조약우선권 주장에 따른 우선권주장의 시기 및 증명서류 제출기간을 적용할 때는 원출원일을 기준으로 기간을 적용하는 것이 아니라, 분할출원일을 기준으로 적용한다. 즉, 제1국 출원 후 제2국 출원까지 6개월 이내 출원이라는 기간은 원출원일이 아닌, 분할출원일을 기준으로 6개월 이내에 출원해야 하는 것을 의미한다.

5.9. 정보제공제도

누구든지 출원디자인이 디자인등록거절결정 사유에 해당하여 등록될 수 없다는 취지의 정보를 그 증거와 함께 특허청장 또는 특허심판원장에게 제공할 수 있다. 정보가 제공된 출원에 대한 심사에 있어 그 정보 및 증거는 거절결정의 이유로 활용될 수 있으며, 디자인일부심사등록출원의 경우에도 제공된 정보 및 증거를 거절결정의 이유(신규성, 창의성, 선출원 등)로 활용될 수 있다. 정보가 제공된 출원에 대하여 등록여부 결정을 출원인에게 통지할 때 정보제공자에게도 정보 및 증거의 채택여부 및 해당 출원에 대한 등록여부 결정 사실을 통보한다.

5.10. 심사관 면담신청 제도

특허청 심사관의 심사결과 의견제출통지서를 받은 경우 의견서나 보정서를 제출하기 전에, 심사관을 면담하여 의견제출통지서에 기재된 거절이유를 묻고 답변하여 등록을 받을 수 있도록 보정하는 방법이다. 심사관 면담을 한다고 해서 반드시 등록이 되는 것은 아니지만 면담 중에 심사관의 생각을 알 수 있고, 출원 디자인에 대하여 심사관이 이해가 가도록 자세히 설명함으로서 출원 디자인의 등록될 확률을 높이는 것이다. 전화를 이용하여 심사관 면담을 신청할 수 있고, 온라인으로 면담을 신청하면 특허청 업무시간 외에도 심사관에게 면담 신청을 할 수 있다. 온라인 면담신청은 특허청홈페이지에 개설된 심사관 면담 코너에 출원인 성명, 연락처, 특허출원 번호, 면담희망 심사관 성명 등을 입력하면 면담신청 내용이 실시간으로 심사관에게 전달되므로 심사관은 면담신청 내용을 확인하고 출원인에게 연락하여 면담 일정을 확정한다. 특허청 서울사무소에서 특허청(대전소재) 심사관과 화상으로 면담을 할 수도 있다.

CHAPTER 6

제 6 장

디자인의 동일·유사 여부

6.1. 물품류 구분 기준

6.2. 물품 유사여부의 구체적 판단방법

6.3. 디자인의 동일유사 판단대상

6.4. 디자인의 유사여부 판단 일반원칙

6.5. 형상, 모양 및 색채에 의한 유사여부

6.6. 완성품과 부품의 디자인의 유사여부

6.7. 합성물 디자인의 유사여부

6.8. 부분디자인의 유사여부

6.9. 한 벌의 물품의 디자인의 유사여부

6.10. 동적디자인 유사여부

6.11. 화상디자인의 유사여부

6.12. 글자체디자인의 유사여부

06

디자인의 동일·유사 여부

6.1. 물품류 구분 기준

디자인등록출원은 디자인보호법 시행규칙에서 정하는 물품류 구분에 따라 분류를 지정하여야 한다. 물품류 구분은 산업디자인의 국제분류 제정을 위한 로카르노협정에 따라 분류한다.

「동일물품」이란 '용도'와 '기능'이 동일한 것을 말한다. '용도'란 물품이 실현하려는 사용목적을 말하며, '기능'이란 용도를 실현할 수 있는 구조 · 작용 등을 말한다. 「유사물품」이란 용도가 동일하고 기능이 다른 것을 말한다. 예로, "볼펜"과 "만년필"은 유사물품이다. 비유사물품인 경우에도 용도상으로 혼용될 수 있는 것은 유사한 물품으로 볼 수 있다(대법원 2002후2570 판결 참고). '혼용'이란 용도가 다르고 기능이 동일한 물품을 용도를 바꿔서 사용하는 것을 말한다. 예로, "수저통"과 "연필통" 같은 것이다.

6.2. 물품 유사여부의 구체적 판단방법

(1) 완성품(부품의 종합체)과 부품의 유사여부 판단

① 완성품과 부품은 용도가 서로 다른 비유사물품이다.

「부품」은 완성품의 일부를 구성하는 물품으로서 분리가 가능하고 독립거래의 대상이 되는 것이다. 예로, “자전거 핸들”과 같은 것을 말한다. 「부속품」은 완성품의 용도를 확장하거나 기능을 보조, 보충하는 역할을 하는 물품으로서 그 자체가 독립거래의 대상이 되는 것을 말한다. 예로, “자전거 반사경”과 같은 것이다.

② 부품의 구성이 완성품에 가까운 경우에는 양 물품은 유사물품으로 판단한다.

예 “사진틀”과 “사진틀 테”, “손목시계”와 “손목시계 본체”, “안경”과 “안경테”

(2) 형틀과 그 형틀로부터 만들어지는 물품의 유사여부 판단

형틀과 그 형틀로부터 만들어지는 물품은 유사하지 않다.

예 “빵틀”과 “빵”

(3) 글자체 간 유사여부판단

글자체 간 유사여부판단에 있어서, 물품류 구분의 ‘글자체’에서 한글 글자체, 영문자 글자체, 한자 글자체, 그 밖의 외국문자 글자체, 숫자 글자체, 특수기호 글자체 상호간은 유사한 물품으로 보지 않는다.

6.3. 디자인의 동일유사 판단대상

동일하거나 유사한 물품 간에서만 디자인의 유사여부를 판단한다. 예로, 등록디자인이 표현된 물품이 프레임용 골조이고, 인용디자인 1이 표현된 물품이 벨트컨베이어용 구조재, 인용디자인 2가 표현된 물품이 벨트컨베이어 장치 또는 이송용 기계의 골조를 구성하는 부분에 사용되는 물품인 경우, 동일·유사물품에 해당한다.[1]

물품의 유사여부에 따른 디자인의 유사여부는 다음과 같다.

구 분	동일물품	유사물품	비유사물품
형상·모양·색채 동일	동일디자인		
형상·모양·색채 유사		유사디자인	
형상·모양·색채 비유사			비유사디자인

6.4. 디자인의 유사여부 판단 일반원칙

(1) 디자인의 유사여부 판단 기준

디자인의 대상이 되는 물품이 유통과정에서 일반수요자를 기준으로 관찰하여 다른 물품과 혼동할 우려가 있는 경우에는 유사한 디자인으로 본다. 또한 혼동할 우려가 있을 정도로 유사하지는 않더라도 그 디자인 분야의 형태적 흐름을 기초로 두 디자

[1] 대법원 1999.12.28, 선고, 98후492, 판결.

인을 관찰하여 창작의 공통성이 인정되는 경우에도 유사한 디자인으로 본다.

(2) 디자인의 유사범위의 폭 설정 판단

디자인의 유사범위의 폭 설정방법은 참신한 디자인일수록 유사의 폭을 넓게 보고, 같은 종류의 것이 많이 존재할수록 유사의 폭을 좁게 본다.

유사의 폭이 비교적 좁은 것은 옛날부터 흔히 사용되었거나 여러 가지 디자인이 많이 창작되었던 것으로 칼, 식기, 포장용용기 등과 같은 것, 또는 단순한 형태의 것으로서 옛날부터 사용되어 오던 것으로 젓가락, 편지지 등과 같은 것, 구조적으로 그 디자인을 크게 변화시킬 수 없는 것으로 자전거, 쌍안경, 운동화 등과 같은 것, 유행의 변화에 한계가 있는 것으로 신사복, 한복 등과 같은 것은 유사의 폭을 비교적 좁게 보고 판단한다.

유사의 폭이 비교적 넓은 것은 새로운 물품, 같은 종류의 물품 중에서 특히 새로운 부분을 포함하는 것, 특이한 형상 또는 모양은 유사의 폭을 넓게 본다.

(3) 전체적으로 관찰하여 종합적으로 판단

유사여부는 전체적으로 관찰하여 종합적으로 판단한다. 「전체적으로 판단한다」란 디자인을 구성하는 각 요소를 분리하여 개별적으로 대비할 것이 아니라 그 외관을 전체적으로 대비 관찰하여 보는 사람으로 하여금 상이한 심미감을 느끼게 하는지 여부에 따라 판단하여야 한다는 것이므로 그 지배적인 특징이 유사하다면 세부적인 점에 다소 차이가 있을지라도 유사한 것으로 본다. 「관찰」은 육안으로 비교하여 관찰하는 것을 원칙으로 하되, 디자인에 관한 물품의 거래에서 물품의 형상 등을 확대하여 관찰하는 것이 통상적인 경우에는 확대경·현미경 등을 사용하여 관찰할 수 있다. 상식적인 범위에서 물품의 대소의 차이는 유사여부 판단의 요소로 고려하지 않고, 재질은 그 자체가 모양이나 색채로서 표현되는 경우에만 유사여부 판단의 요소로 참작한다. 기능, 구조, 정밀도, 내구력, 제조방법 등은 그 자체가 외관으로 표현되지 않는 한 유사여부 판단의 요소가 될 수 없다.

6.5. 형상, 모양 및 색채에 의한 유사여부

(1) 형상이나 모양, 색채의 영향

형상이나 모양 중 어느 하나가 유사하지 않으면 원칙적으로 유사하지 않은 디자인으로 보되, 형상이나 모양이 디자인의 미감에 미치는 영향의 정도 등을 종합적으로 고려하여 디자인 전체로서 판단한다. 모양의 유사여부는 주제의 표현방법과 배열, 무늬의 크기 및 색채 등을 종합하여 판단한다. 색채는 모양을 구성하지 않는 한 유사여부 판단의 요소로 고려하지 않는다.[2] 공지의 형상을 구성요소로 하고 있는 경우에도 그 부분이 특별한 심미감을 불러일으키지 않는 한 그것까지 포함한 전체로서 관찰하

2 대법원 2007.10.25, 선고, 2005후3307, 판결.

여 느껴지는 심미감에 따라 판단한다.[3] 공지의 형상에 독특한 모양이 물체화 되어 새로운 미감을 일으키는 경우에는 모양에 비중을 두어 판단한다.[4]

(2) 물품의 주요부분, 잘 보이는 부분

물품의 구매 시 일반수요자가 중요하게 생각하는 부분은 유사여부 판단 시 비중을 높게 둔다. 물품의 잘 보이는 면에 유사여부 판단의 비중을 둔다. 예로, 텔레비전, 에어컨 등은 6면 중 정면에 비중을 두고, 사무실용 전화기 등은 6면 중 저면에 비중을 적게 둔다.

(3) 물품 중 당연히 있어야 할 부분과 다양한 변화가 가능한 부분

물품 중 당연히 있어야 할 부분은 그 중요도를 낮게 평가하고 다양한 변화가 가능한 부분을 주로 평가한다.[5] 예로, 수저의 경우에는 손잡이 부분의 형태에 비중을 두고 판단한다.

(4) 물품의 사용에 따라 형태가 변화하는 물품

물품의 사용에 따라 형태가 변화하는 물품들 간에는 형태변화의 전후를 기준으로 서로 같은 상태에서 대비하여 전체적으로 판단한다.[6]

---

3 대법원 2009.1.30, 선고, 2007후4830, 판결.
4 대법원 2004.8.30, 선고, 2003후762, 판결.
5 대법원 2005.10.14, 선고, 2003후1666, 판결.
6 대법원 2010.9.30. 선고, 2010다23739 판결.

6.6. 완성품과 부품의 디자인의 유사여부

(1) 완성품과 부품

완성품과 부품은 비유사물품이므로 선출원을 적용하지 않고, 선출원된 완성품의 공개 또는 공고 전에 후출원된 부품은 완성품에 관한 선출원이 공개 또는 공고된 때에 확대된 선출원을 적용한다.

(2) 공지된 부품을 이용한 완성품

공지된 부품을 이용한 완성품은 그 부품이 공지된 것을 이유로 거절되지 않는다. 공지된 완성품에 부착된 부품의 디자인과 동일하거나 유사한 부품의 디자인은 그 완성품에 의하여 공지된 디자인으로 보아 신규성을 적용한다. 예로, "자전거"와 "자전거 핸들"과 같은 경우는 신규성이 적용된다.

6.7. 합성물 디자인의 유사여부

합성물이란 수 개의 구성부분이 결합하여 이루어진 물품으로서 1개의 물품으로 취급된다.

예로, 장기짝, 트럼프, 화투, 완성형태가 단일한 조립완구와 같은 것을 말하며, 이들 합성물의 디자인은 구성각편이 모아진 전체를 하나의 디자인으로 보아 동일유사를 대비 판단한다.

완성형태가 다양한 조립완구와 같이 구성 각편의 하나가 디자인등록의 대상이 되는 경우 그 조립완구와 구성 각편의 유사여부 판단은 위 완성품과 부품의 디자인의 유사여부 판단 기준에 따라 판단한다.

6.8. 부분디자인의 유사여부

부분디자인의 동일유사판단은 당해 디자인이 속하는 분야의 통상의 지식을 기초로 디자인의 대상이 되는 물품, 부분디자인으로서 디자인등록을 받으려는 부분의 형상·모양·색채 또는 이들의 결합, 해당 물품 중에서 부분디자인으로서 디자인등록을 받으려는 부분이 차지하는 위치·크기·범위, 부분디자인으로서 디자인등록을 받으려는 부분의 기능·용도 등을 종합적으로 고려하여 판단한다.

6.9. 한 벌의 물품의 디자인의 유사여부

한 벌의 물품의 디자인의 유사여부는 한 벌의 물품 전체로서 판단한다. 구성물품의 디자인이 공지된 후 그 구성물품을 포함하고 있는 한 벌의 물품의 디자인이 출원된 경우 한 벌의 물품의 디자인은 신규성이 상실되지 않는다. 즉, 후출원된 한 벌의 물품 디자인은 이미 공지된 구성물품의 디자인을 하나의 구성요소로 하였을 뿐 하나의 완성된 디자인으로서 창작한 것이므로 신규성을 상실하지 않는 것이다. 단, 구성물품들이 모두 공지이고 그것들을 조합하는데 어려움이 없거나 당연히 예측할 수 있는 정도의 한 벌의 물품의 디자인인 경우에는 신규성을 상실한 것으로 본다. 그러나 이와는 반대로 한 벌의 물품의 디자인이 공지된 후 한 벌의 물품의 구성물품 디자인이 출원된 경우 그 구성물품의 디자인은 신규성이 없다.

6.10. 동적디자인 유사여부

(1) 동적디자인 상호간

동적디자인 상호간에는 그 정지 상태, 동작의 내용 및 동작 중의 기본적인 주체를 이루는 자태 등을 전체로서 비교하여 유사여부를 판단한다.

(2) 동적디자인과 정적디자인 간

정적디자인이 동적디자인의 정지 상태 또는 동작 중의 기본적 주체를 이루는 자태와 유사하면 유사한 디자인으로 본다. 동적디자인의 정지 상태 및 동작 중의 기본적 주체를 이루는 자태가 정적디자인과 유사하면 유사한 디자인으로 본다. 다만, 동작의 내용이 특이하면 유사하지 않는 디자인으로 본다.

6.11. 화상디자인의 유사여부

화상디자인이 표시된 표시부를 갖는 물품에 관한 디자인의 유사여부는 동일·유사한 물품 간에만 판단한다. 화상디자인의 유사여부 판단은 디자인에 관계되는 모양의 유사여부 판단과 동일하게 판단한다.

6.12. 글자체디자인의 유사여부

디자인등록출원이 다음의 어느 하나에 해당되는 경우에는 기존 글자체디자인과 동일유사한 것으로 본다.

(1) 기존 글자체의 복사나 기계적 복제에 해당되는 경우

① 복사: 어떠한 가감도 없이 그대로 다시 만드는 것

② 기계적 복제(모양 · 굵기): 장체(長體), 평체(平體), 사체(斜體), 혹은 굵기 변화 등에 의한 글자체의 복사 생성

③ 기계적 복제(장식): 윤곽선, 음영 혹은 색구분 · 색흐림 처리 등에 의한 글자체의 복사 생성

(2) 기존 글자체의 부분적 변경에 해당되는 경우

① 부분적 변경: 구성요소의 모양을 변경하거나 곡선 · 기울기를 변경하는 처리 등에 의한 글자체의 모사 · 변경. 예로 「愛」는 점을 둥글게 했고, 「한」은 선을 절제해서 떼어 냈고, 「A」는 바(bar)의 우측을 절제했다.

② 파생글자체용 변경: 점글자체 등 출력기의 특성에 맞춰 기존의 글자체디자인을 충실히 재현하는 변경

(3) 기존 글자체의 자족(字族, 패밀리 글자체)에 해당되는 경우

① 굵기: 기존 글자체를 기초로 굵기가 다른 글자체를 제작하는 것

② 모양: 기존 글자체를 기초로 장체 · 평체 · 사체 등 모양이 다른 글자체를 제작하는 것

③ 장식: 기존 글자체를 기초로 윤곽선, 음영, 윤곽선 응용(내선) 등 장식이 다른 글자체를 제작하는 것

제 7 장
디자인 국제출원

7.1. 국제출원 개요

7.2. 헤이그 국제출원 대상 국가 및 주체적·객체적 요건

7.3. 헤이그 국제출원 내용 및 방법

7.4. 헤이그 국제디자인출원제도 도입 관련 법 개정 의의

07

디자인 국제출원

7.1. 국제출원 개요

(1) 디자인의 국제출원

지식재산권은 원칙적으로 속지주의를 택하고 있으므로 한 나라에서 획득한 권리는 해당 국가에서만 독점적이고 배타적으로 행사할 수 있다. 이러한 원칙에 따라 우리나라에 디자인을 출원하여 등록되었다고 해도 외국에서도 보호를 받을 수 없다. 따라서 외국에서 디자인권을 획득하고 행사하기를 원하는 경우 해당 국가에 디자인 출원을 하고 디자인 등록을 받아 권리를 행사하는 것이 원칙이다. 해외로 출원을 하는 경우 출원인은 크게 3가지 방법 중 하나를 선택할 수 있다.

첫째, 파리조약을 이용하는 방법으로 디자인 등록을 받기 원하는 국가에 직접 출원하는 것이다. 일반적으로 파리협약에 의한 우선권을 주장하면서 출원하므로 출원하는 국가의 법과 절차에 따라야 한다. 다만, 우선권을 주장하기 위해서는 선출원의 출원일로부터 6개월 이내에 해당 국가에 출원해야 한다.

둘째, 국가 간 조약에 의하여 공동으로 하나의 지식재산권 기구를 가진 국가인 경우 이들 기구에 출원하는 방법이다. 가입 국가가 독자적인 디자인권 기구나 제도를 운영하는 유럽상표디자인청(OHIM), 아프리카지역산업재산권기구(ARIPO)와 가입 국가가 독자적인 디자인권 기구나 제도를 운영하지 않는 베네룩스지식재산권기구(BOIP), 아프리카지식재산권기구(OAPI)가 있다.

셋째, 헤이그협정에 따라 헤이그시스템을 이용하여 하나의 출원서로 협정 가입 국가 중 하나 또는 여러 국가에 동시에 디자인 출원을 할 수 있는데 이를 헤이그 시스템이라 한다. 헤이그 시스템의 특징은 국가 간 공동지식재산권기구인 유럽상표디자인청(OHIM)과 아프리카지식재산권기구(OAPI)도 헤이그협정의 당사자라는 점이다. 특허제도에서 PCT 국제출원과 유사한 제도이다.

표 7-1. 개별국 직접출원과 헤이그 국제출원에 의한 출원의 비교표

개별국 직접출원	헤이그 국제출원
다수의 국가에 출원서 제출	하나의 출원서
다수의 언어	하나의 언어(영어)
다수의 통화(수수료)	하나의 통화(스위스 프랑 CHF)
다수의 등록	하나의 국제등록(국제등록부)
다수의 갱신절차	하나의 갱신절차(WIPO 갱신료)
다수의 변경등록절차	하나의 변경등록절차(권리이전, 성명 주소 변경, 감축, 포기 등)
다수의 대리인(출원시)	대리인 선임 불필요(거절이유에 대한 대응시 필요)

그림 7-1. 파리조약에 의한 출원과 헤이그 국제출원

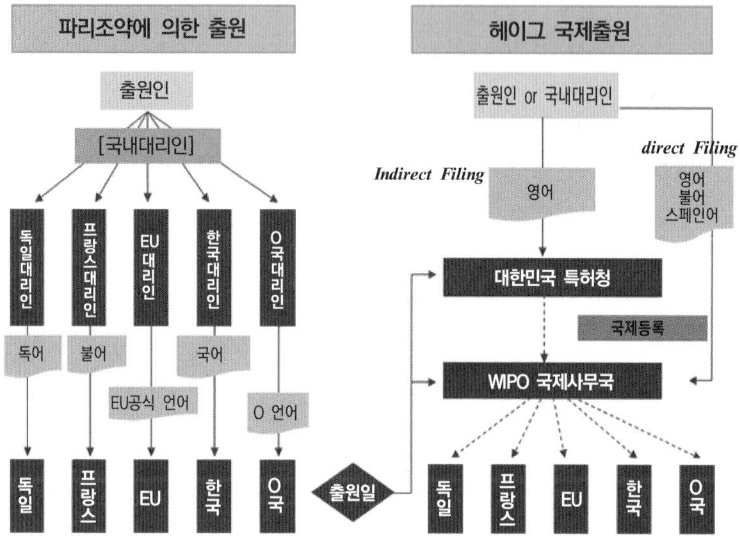

(2) 헤이그 국제출원 개요

헤이그시스템에 의한 국제디자인출원이란 세계지식재산기구(WIPO) 국제사무국에 하나의 국제출원서를 제출하여 여러 체약 당사자 영역에서 디자인을 보호받을 수 있는 제도이다. 따라서 헤이그 시스템에서는 하나의 국제출원이 복수의 관청에 제출해야 하는 일련의 출원을 대체한다. 이러한 헤이그 시스템은 1934년 협정(The London Act), 1960년 협정(The hague Act), 1999년 협정(The Geneva Act) 세 개가 있으나, 우리나라는 1999년 협정에 따른 국제출원 절차를 따른다.

자연인 또는 법인은 국제등록을 위한 디자인의 국제출원을 제출할 수 있고, 이 출원에서 자신의 디자인을 보호받고자 하는 국가 또는 정부간 기구(EU, OAPI)를 지정할 수 있다. 대한민국은 2014.4.1일 제네바 개정협정(1999 Act)에 가입하여 2014.7.1일부터 협정이 발효되었다.

유의할 점은 출원일만을 확보하기 위해 인정하는 것이고, 등록은 각국의 특허청에 별도로 진입하여 절차를 밟아 등록을 받아야 한다. 등록에 관한 사항은 아직 전 세계의 디자인제도가 하나의 제도로 통합되어 있지 않기 때문이다.

7.2. 헤이그 국제출원 대상 국가 및 주체적·객체적 요건

1) 대상 국가

헤이그 국제출원 시스템을 이용한 디자인의 보호는 체약당사자에게 적용되는 협정과 동일한 협정에 가입한 국가 또는 정부간기구의 영역에 한정된다. 우리나라는 1999년 협정의 체약당사자이므로 대한민국에 국제출원을 하는 사람은 1999년 협정에 가입한 체약 국가만을 지정하여 국제출원을 할 수 있다. 따라서 1999년 협정 체약 국가가 아닌 국가에서 디자인권을 획득하고자 하는 경우 출원인은 "파리루트에 의한 개별 출원"을 통해서만 가능하다.

국제출원제도는 협정의 체약당사자인 국가 또는 정부간 기구만을 지정할 수 있으므로 모든 국가에 적용되는 것은 아니다. 2014.7.1.일 기준 1999년 개정협정의 체약당사자는 47개이며,

가입된 국가를 기준으로 77개국이다.[1] 다만, 국제출원인이 1960년 개정협정에 해당하는 자격을 가질 때는 1960년 개정협정의 가입국을 지정할 수 있으므로 헤이그 국제출원에 따라 지정할 수 있는 국가도 늘어날 수 있다. 국제출원에서 유럽연합(EU)을 지정할 경우 유럽연합의 소속국가는 모두 포함되므로, 현재 유럽연합 28개 소속국가에서 모두 보호받을 수 있다. 아프리카지식재산연합(OAPI)을 지정할 경우 소속국가는 아프리카지식재산연합 17개 소속국가에서 모두 보호받을 수 있다.

2) 주체적 요건(국제출원인 자격)

헤이그시스템을 이용하여 국제출원을 할 수 있는 사람은 아래 조건 중 적어도 하나를 만족하여야 한다.

① 체약당사자의 국민

② 체약당사자인 정부간 기구의 소속 국가의 국민

③ 체약당사자의 영역에 주소를 두고 있을 것

④ 체약당사자 영역에 진정하고 실효적인 산업상 또는 상업상 영업소를 두고 있을 것

⑤ 체약당사자의 영역에 거소를 두고 있을 것(1999년 협정에만 해당). 1999년 협정이 적용되는 경우에는 체약당사자의 거주지를 기초로 국제출원을 할 수도 있으며 이러한 경우 그 체약당사자를 출원인의 체약당사자(1999년 협정 적용)라고 한다.

---

1 체약당사자 목록 : http://www.wipo.int/hague/en/members
http://www.kipo.go.kr/kpo/user.tdf?a=user.hague.BoardApp&c=1004&catmenu=m13_01_04.

우리나라는 1999년 협정의 체약당사자이므로 위 조건 중 하나를 만족하는 사람(자연인 또는 법인)이 대한민국을 출원인의 체약당사자로 하여 국제출원을 할 수 있다.

3) 객체적 요건

헤이그시스템을 이용한 국제출원은 국내 디자인등록출원이나 국내 디자인등록이 필요한 것은 아니다. 이러한 점에서 상표의 국제출원제도인 마드리드시스템과는 다르다.

7.3. 헤이그 국제출원 내용 및 방법

1) 국제출원 내용 및 언어

출원인은 공식서식 또는 국제사무국이 제공하는 전자출원 인터페이스(E-Filing Portfolio Manager)를 이용하여 국제출원서를 제출하여야 하여야 하며, 보호를 구하는 체약당사자를 지정하고 관련 디자인의 도면을 포함하여야 한다. 국제출원서는 출원인의 선택에 따라 영어, 프랑스어, 스페인어 중 하나로 작성하여 제출할 수 있다. 다만, 출원인의 체약당사자를 통하여 국제출원서를 제출할 때에는 관청에서 사용 가능한 언어를 제한할 수 있으며, 대한민국은 국제출원서 등의 작성에 영어만을 사용하도록 제한하고 있다.

2) 국제출원 수수료

출원인이 국제출원서를 제출할 때 국제사무국에 내야 할 수수료는 모두 3가지이다. 기본료, 공개료와 지정 체약당사자의 심사와 관련된 표준(또는 개별) 지정수수료이다. 다만, 지정 체약당사자의 심사와 관련하여 국내 절차에서 필요한 수수료는 개별 국가의 국내법에 따라 해당 국가에 직접 납부한다. 국제사무국에 납부하는 수수료는 스위스 통화(프랑)로만, 개별 국가에 납부하는 수수료는 개별 국가에서 정한 통화 화폐로만 납부가 가능하다.

3) 국제출원서의 제출 방법

(1) 국제사무국에 직접 제출

출원인이 국제사무국에 국제출원서를 직접 제출하는 것이 일반적인 방법이다. 국제사무국에 제출할 때는 국제사무국에서 제공하는 E-filing Portfolio Manager를 이용하거나 서면출원 양식을 다운받아 작성하여 전자출원, 우편 또는 팩스로 제출할 수 있다. E-Filing Portfolio Manager는 국제사무국에 출원을 위한 사용자 계정을 만든 이후 사용할 수 있다.

(2) 대한민국 특허청을 경유한 출원

대한민국을 출원인의 체약당사자로 지정할 수 있는 경우, 대한민국 특허청을 통하여 국제출원서를 제출할 수 있다. 이 경우 출원인은 출원서를 영어로만 작성할 수 있으며 국내법에 정한 수수료를 추가로 납부하여야 한다. 이러한 방식의 국제출원은 다음 2가지 사항을 주의하여야 한다. 첫째, 특허청이 국제출원서를 접수한 날로부터 1개월 이내에 국제출원서가 국제사무국에

도착하여야 출원일을 인정받을 수 있으므로 특허청 수수료 또는 대리인의 위임장 등 형식 요건의 미비로 인하여 보정이 필요한 경우 최대한 빠른 시일 내에 보정이 이루어져야 한다. 둘째, 국내법에서 정한 수수료를 제외한 국제출원 수수료(기본료, 공개료, 지정수수료)는 국제사무국으로 직접 납부하여야 한다.

4) 복수디자인 출원

헤이그시스템을 이용한 국제출원은 하나의 국제출원에 최대 100개까지 다른 디자인을 포함할 수 있다(복수디자인 출원). 다만, 하나의 출원에 포함되는 모든 디자인은 로카르노 분류의 같은 류에 속해야 하므로 모든 국제출원은 단일류에 대한 출원이 된다.

출원인이 국제분류의 예시 명칭을 사용하지 않는 물품을 출원할 때에는 로카르노 분류의 같은 류에 속하는 명칭인지에 대하여 확인하여야 한다. 같은 류에 속하지 않는 복수디자인 출원일 경우 국제사무국 방식심사의 하자통지 대상이 된다.

5) 출원공개 연기 신청

출원인은 출원일(또는 우선일)로부터 30개월을 넘지 않는 기간 내에서 공개연기를 신청할 수 있다. 국제출원의 공개 연기는 출원서 제출과 동시에 신청하여야 하는 것으로 공개 연기를 신청하면 공개 연기 기간 만료 전까지 국제등록부가 공개되지 않고, 지정관청의 심사도 진행되지 않는다는 점에서 국내 디자인보호법 상의 비밀디자인 제도와 유사한 점이 있다.

6) 국제사무국의 방식심사

국제사무국이 국제출원서를 접수하면 협정 등에서 정한 형식요건을 따르고 있는지 심사하고 그 결과에 따라 국제등록 또는 하자통지의 대상이 된다. 국제사무국은 신규성 또는 다른 실체적 요건을 이유로 국제등록을 거절하지 못하며, 오직 형식적 요건만을 심사한다.

7) 지정 체약당사자 관청에 의한 실체심사

(1) 국제등록 및 국제등록의 공개

형식요건을 만족하는 국제출원은 국제등록부에 기록되고 공개 연기가 신청된 출원이 아니라면 국제디자인공보에 공개된다. 이러한 공개는 WIPO 웹사이트를 통해 이루어지고 도면 등 국제등록과 관련된 모든 데이터를 포함한다.

국제등록이란 헤이그협정에 따른 국제출원으로 실행된 디자인의 국제등록을 말한다. 다만, 국제등록이 지정 체약당사자 영역에서 보호받기 위해서는 체약당사자 관청의 심사를 거쳐야 하므로 완전한 권리를 행사할 수 있는 일반적인 의미의 등록은 아니다. 이러한 국제등록을 위해서 디자인의 도면 등을 포함한 자료를 국제사무국이 제공하는 공식서식 또는 E-Filing Portfolio Manager를 이용하여 제출하는 절차를 국제출원이라 한다.

국제등록부란 국제출원이 형식적 요건에 부합하면 국제사무국은 국제등록부에 디자인을 등록하고 권리자에게 증명서를 송부한다. 이러한 국제사무국이 보유한 국제등록에 관한 공식적인 자료의 집합을 국제등록부라고 한다. 국제등록부에 등록되는 사항은 국제출원에 포함된 모든 자료이다.

국제출원인이란 국제출원을 하는 사람(자연인 또는 법인)을 말한다. 국제출원에 따라 그 명의로 국제등록이 국제등록부에 기록된 사람이 권리자이다. 권리자는 국제등록의 변경신청에 따라 변경될 수 있으며 이를 국제등록의 소유권 변경이라고 한다.

(2) 국제등록일

국제등록일은 원칙적으로 국제출원의 제출일이다. 다만, 관청을 통한 국제출원(간접출원)이 제출일로부터 1개월 이후에 국제사무국에 접수되면 국제사무국의 접수일이 출원서의 제출일이 된다. 그러나 국제출원이 국제사무국에 접수된 날 헤이그협정 제5조(2)에 따른 추가적인 필수사항에 관한 하자 때문에 보정서를 제출한 경우 국제등록일은 그 하자 보정서를 국제사무국이 접수한 날 또는 국제출원의 출원일 중 늦은 날이 된다.

(3) 국제등록에 대한 심사

국제등록이 국제디자인공보에 공개되면 각 관청은 자국 법에 따른 실체심사를 진행한다. 이러한 심사 결과에 따라 해당관청은 그 국제등록에 대한 보호거절 여부를 국제사무국에 통지할 수 있다. 다만, 해당관청은 국제등록의 형식요건에 관한 이유로 국제등록의 보호를 거절할 수 없다.

(4) 심사결과 통지

일반적으로 보호거절 여부는 국제등록이 공개된 날로부터 6개월 이내에 통지되어야 한다. 다만, 심사관청 또는 보호부여에 대한 이의신청 기회를 부여하는 체약당사자 관청은 6개월의 거절통지기간을 12개월의 거절통지기간으로 대체한다는 선언을 할 수 있다(각 관청의 거절통지 기간은 WIPO 홈페이지 참조).

(5) 거절통지 및 거절통지에 대한 대응

지정체약당사자 관청은 그 영역 내에서 국제등록의 보호를 거절할 권리가 있다. 거절통지는 정해진 기간 이내에 지정관청의 심사 결과 나타난 거절이유를 기재하여 거절을 통지하는 것을 말한다. 이러한 거절은 거절의 최종결정을 의미하는 것이 아니며 단지 잠정적인 거절 사유이다. 다만, 보호거절은 실체적인 이유로만 가능하며 기한(6개월 또는 12개월) 내에 국제사무국에 통지되어야 그 효력이 있다. 거절통지를 받은 권리자는 지정관청에 직접 출원을 한 것과 같은 권리와 구제방법을 갖는다.

권리자가 거절을 다투는 경우 후속절차는 그 국내법령에 규정된 요건과 절차에 따라야 하므로 불복청구 등은 해당 체약당사자의 법령에 정한 조건과 기한 내에 관할 관청에 직접 제출하여야 한다.

8) 보호부여기술서(또는 등록결정서)

지정체약당사자 관청은 선행하는 거절통지가 있거나 거절통지가 없더라도 국제등록의 대상인 디자인에 대한 보호를 부여한다는 취지의 선언을 국제사무국에 보낼 수 있다. 다만, 선행하는 거절통지가 없고 지정관청이 보호부여기술서를 발송하지 않으면 거절통지 기간의 경과만으로 국제등록의 대상인 디자인이 보호를 받는다.

9) 등록 및 권리보호 관련 절차

(1) 국제등록의 변경 및 신청방법

국제등록에 대한 변경신청이 가능한 사항은 국제등록의 권리자 또는 그 대리인의 이름이나 주소 변경, 국제등록의 소유권 변경(지정 체약당사자 전부 또는 일부), 국제등록의 모든 디자인에 대한 포기(지정 체약당사자 전부 또는 일부), 국제등록의 일부 디자인으로의 감축(지정 체약당사자 전부 또는 일부)에 관한 사항이다.

국제등록에 대한 변경 신청은 국제사무국에서 정한 공식 서식으로 국제사무국에 직접 제출하여야 하고, 변경신청 시 수수료를 납부하여야 한다.

(2) 권리보호 존속기간

국제등록은 최초 5년 기간 동안 유효하고 5년 단위로 2회 연장이 가능하며, 총 보호기간은 15년이다. 다만, 체약당사자의 국내 법률이 허용하는 총 보호기간이 15년을 초과하는 경우 그 이상 횟수의 갱신도 가능하다. 각 체약당사자의 최장 보호기간은 국제사무국 홈페이지에서 확인할 수 있다. 우리나라는 디자인보호기간은 출원일로부터 총 20년이다.

(3) 국제출원과 관련한 선언사항의 확인

헤이그시스템은 협정에 가입한 체약당사자가 공개 연기, 디자인의 단일성, 출원인에 대한 특별요건 등 일정한 사항에 관하여 선언을 할 수 있도록 한다. 국제출원을 통하여 특정한 체약당사자를 지정하려는 출원인은 해당 체약당사자가 행한 선언을 확인하고 국제출원을 통하여 원하는 목적을 달성할 수 있는지 확인해야 한다. 개별 체약당사자가 행한 선언의 내용은 WIPO 홈페이지에서 확인할 수 있다.

7.4. 헤이그 국제디자인출원제도 도입 관련 법 개정 의의

1) 개정 내용

구법에 없는 국제디자인출원제도를 개정법에서 신설하였다.[2] 개정법에서 제9장으로 신설된 「산업디자인의 국제등록에 관한 헤이그협정」에 따른 국제출원에 관한 규정은, 제1절과 제2절로 구성되어 있으며, 제1절(제173조 내지 제178조)은 '특허청을 통한 국제출원'으로서, 국제출원, 국제출원을 할 수 있는 자, 국제출원의 절차, 국제출원서 등 서류제출의 효력발생시기, 기재사항의

2 이로써 개정법은 제1장 총칙, 제2장 디자인등록요건 및 디자인등록출원, 제3장 심사, 제4장 등록료 및 디자인등록 등, 제5장 디자인권, 제6장 디자인권자의 보호, 제7장 심판, 제8장 재심 및 소송, 제9장 「산업디자인의 국제등록에 관한 헤이그협정」에 따른 국제출원, 제10장 보칙, 제11장 벌칙으로 총11개 장, 229개 조항으로 구성되었다.

확인 등, 송달료의 납부에 관한 내용을 규정하고 있다. 제2절(제179조 내지 제205조)은 '국제디자인등록출원'에 관한 규정으로서, 국제디자인등록출원, 디자인등록요건의 특례, 디자인등록출원의 특례, 출원일 인정 등의 특례, 국제등록의 소멸로 인한 국제디자인등록출원 또는 국제등록디자인권의 취하 등, 비밀디자인의 특례, 국제등록부 경정의 효력, 권리침해에 대한 금지청구권 등의 특례, 서류의 열람 등의 특례를 규정하는 조항을 둠으로서 국제디자인출원에 관하여 총 33개 조항을 신설하였다.

2) 개정 의의

개정법에서 「산업디자인의 국제등록에 관한 헤이그협정」에 따른 국제출원 및 국제디자인등록출원 절차를 도입하여, 대한민국 국민이나 대한민국에 주소가 있는 자 등이 특허청을 거쳐 국제사무국에 국제출원을 할 때 국제출원서에 기재할 사항, 송달료의 납부 등 국제출원에 필요한 절차를 정하게 되었다. 국제디자인등록출원인이 대한민국에서 디자인등록을 받기 위하여 대한민국을 지정국으로 하여 국제출원을 하려는 경우 이 개정법에 따른 심사절차를 따르도록 하되, 산업디자인의 국제등록에 관한 헤이그협정과 상충되는 조항에 대해서는 특례를 규정하였다. 이와 같이 국제출원 및 국제디자인등록출원 절차를 도입함으로서 해외 디자인권 확보를 위한 신속·간편한 국제출원시스템을 마련하게 되었고, 국내기업의 해외 디자인 출원·등록관리에 효율화를 기할 수 있게 되었으며, 해외 출원시 현지대리인 선임이 필요 없으므로 대리인 선임비용을 절감할 수 있게 되었다.

한편, 특허법에서는 PCT[3] 국제특허출원제도를 1984년에 도입하였고, 상표법에서는 마드리드 국제상표출원 제도를 2003년에 도입하였다. 이로서 디자인제도에서도 특허제도 및 상표제도와 같이 균형을 이루게 되었다.

3 PCT(Patent Cooperation Treaty).

CHAPTER 8

제8장 디자인권의 형성과 실시권

08

디자인권의 형성과 실시권

8.1. 디자인권의 발생과 소멸

1) 디자인권의 발생

디자인권의 발생은 설정등록에 의하여 발생한다. 등록료를 납부하면 '설정등록'이 되는데, 디자인등록료는 최초 3년분을 등록결정 또는 등록심결의 등본을 받은 날부터 3개월 이내에 일시에 납부하여야 하고, 이 기간이 경과된 후에도 디자인등록료는 그 기간이 경과된 날부터 6개월 이내에 가산된 납부료(납부료 가산)를 납부할 수 있다. 또한 디자인권자는 그 다음 해부터의 등록료는 그 권리의 설정등록일에 해당하는 날을 기준으로 매년 1년분씩 납부해야 하며 몇 년분 치를 한꺼번에 납부할 수도 있다. 만약, 6개월이 지나도 최장 1년 이내에 본인이 책임질 수 없는 불가항력적인 사유에 의한 것으로 인정되면 그 사유가 소멸한 날부터 2개월 이내에 보정명령을 받은 자의 청구에 따라 그 무효처분을 취소할 수 있다.

2) 디자인권의 소멸

디자인권의 소멸에는 권리존속기간의 만료, 무효심판에 의한 무효, 연차료 불납에 의한 소멸, 디자인권의 포기, 디자인권 상속인의 부존재 등이 있다.

디자인권은 권리존속기간인 출원일로부터 20년이 경과하면 소멸되지만, 소멸의 원인 중 가장 비중을 많이 차지하는 원인은 디자인연차료(등록료)를 납부하지 않아 소멸되는 경우가 가장 많다.

디자인권자는 디자인권을 포기할 수 있다. 이 경우 복수디자인등록된 디자인권은 각 디자인권마다 분리하여 포기할 수 있다. 다만, 디자인권자는 전용실시권자·질권자 및 통상실시권자의 동의를 받지 않으면 디자인권을 포기할 수 없다. 전용실시권자는 질권자, 통상실시권자의 동의를 받지 않으면 전용실시권을 포기할 수 없다. 통상실시권자는 질권자의 동의를 받지 않으면 통상실시권을 포기할 수 없다. 디자인권·전용실시권 및 통상실시권을 포기하였을 때에는 디자인권·전용실시권 및 통상실시권은 그 때부터 효력이 소멸된다. 디자인권이 소멸되면 누구나 자유롭게 사용할 수 있다.

8.2. 디자인권 보호기간 및 보호범위

1) 디자인권 보호기간

디자인권은 설정등록한 날부터 발생하여 디자인등록출원일

후 20년이 되는 날까지 존속한다. 다만, 관련디자인으로 등록된 디자인권의 존속기간 만료일은 그 기본디자인의 디자인권 존속기간 만료일과 같다. 무권리자의 디자인등록출원에 의하여 무권리자가 디자인등록을 받은 경우에 있어서, 정당한 권리자에 의한 디자인권이 설정등록된 경우 디자인권 존속기간은 무권리자의 디자인등록출원일 다음 날부터 기산한다.

2) 디자인권 존속기간 20년으로의 연장 관련 법 개정 의의와 과제

(1) 개정 내용

구 디자인권의 존속기간은 제40조(디자인권의 존속기간) 제1항에서 "디자인권의 존속기간은 디자인권의 설정등록이 있는 날부터 15년으로 한다. 다만, 유사디자인의 디자인권의 존속기간 만료일은 그 기본디자인의 디자인권의 존속기간 만료일로 한다."고 규정하고 있고, 제2항에서 "정당한 권리자의 디자인등록출원에 대하여 제15조[1]의 규정에 의하여 디자인권이 설정등록된 경우에는 제1항의 디자인권의 존속기간은 무권리자가 한 디자인권의 설정등록일의 다음날부터 기산한다."고 규정하고 있다. 개정법에서 디자인권의 존속기간은 제91조(디자인권의 존속기간) 제1항에서 "디자인권은 제90조[2] 제1항에 따라 설정등록한 날부터 발생하여 디자인등록출원일 후 20년이 되는 날까지 존속한다.

1 무권리자의 디자인등록과 정당한 권리자의 보호관련 규정.

2 디자인권의 설정등록관련 규정.

다만, 제35조[3]에 따라 관련디자인으로 등록된 디자인권의 존속기간 만료일은 그 기본디자인의 디자인권 존속기간 만료일로 한다."고 규정하고 있고, 제2항에서는 "정당한 권리자의 디자인등록출원이 제44조[4] 및 제45조[5]에 따라 디자인권이 설정등록된 경우에는 제1항의 디자인권 존속기간은 무권리자의 디자인등록출원일 다음 날부터 기산한다."고 규정하고 있다.

(2) 개정 의의

디자인권의 존속기간을 연장하는 것은 디자인권의 존속기간이 연장되는 국제적인 추세를 반영하고, 「산업디자인의 국제등록에 관한 헤이그협정」과의 조화를 도모하기 위하여 설정등록일부터 15년까지인 디자인권의 존속기간을 설정등록일부터 디자인등록출원일 후 20년이 되는 날까지로 한 것이다. 유럽은 디자인권의 존속기간이 25년[6]이고, 일본은 디자인권의 존속기간을 2006년도에 15년에서 20년[7]으로 개정[8]하였다. 특허청에서 실시한 설문결과[9] 응답자의 55.2%가 존속기간 연장에 찬성하였

---

3 관련디자인관련 규정.

4 무권리자의 디자인등록출원과 정당한 권리자의 보호관련 규정.

5 무권리자의 디자인등록과 정당한 권리자의 보호관련 규정.

6 영국, 독일, 프랑스, 이탈리아 등 유럽의 대부분이 디자인권 존속기간을 출원일로부터 25년으로 하고 있다.

7 일본 의장법 "第二十一条 意匠権（関連意匠の意匠権を除く。）の存続期間は、設定の登録の日から二十年をもつて終了する。"

8 Kisana Shoichi, 국제지적재산법, 2009, 182면.

9 설문조사는 특허청이 2008. 8. 21부터 8. 29까지 한국특허정보원 콜센터에 의뢰해 2007년 디자인 다출원인 1천 명에 대한 전화조사를 통해 이루어졌다.

으며, 연장기간에 대해서는 77.9%가 20년 이상을 원한 것으로 나타났다.[10]

한편, 디자인권의 존속기간에 있어서, 개정법에서 구법과 같이 디자인설정등록일로부터 존속기간을 기산하면 복수디자인제도를 개정함에 따라 복수디자인권의 존속기간이 각각 달라지는 문제가 발생하게 된다. 즉, 구법과는 달리 개정된 복수디자인제도에서는 일부거절 또는 일부등록이 가능하도록 개정되었기 때문에 권리의 존속기간을 출원일로부터 하지 않으면 하나의 출원번호를 갖는 복수디자인의 존속기간이 제각기 달라지는 문제점이 발생하게 된다.[11] 또한, 만약 디자인권의 존속기간을 구법대로 15년으로 하고, 존속기간의 기산일만 출원시로 변경할 경우, 디자인권의 존속기간이 현재보다 짧아지는 문제가 발생하게 되므로 존속기간을 15년 이상으로 하는 것이 필요하여 20년으로 개정한 것이다.

(3) 검토 과제

우리나라 디자인권의 존속기간은 1998.2.29일까지 10년으로 되어 있다가 1998.3.1일 이후 15년으로 개정되었다. 당시 개정이유는 '의장권의 보호를 강화함으로써 국제적인 수준에 부응하도록 한다.'는 것이었다.[12] 유럽의 대부분의 국가는 디자인권의 존속기간이 출원일로부터 25년이지만 미국은 15년, 중국은 10년이

10 국회 산업통상자원위원회, 전게서, 37면.

11 국회 산업통상자원위원회, 전게서, 37면.

12 법제처, 의장법 [시행 1998.3.1.] [법률 제5354호, 1997.8.22., 일부개정]【제·개정이유】.

다. 특허청에 등록된 디자인권의 존속기간은 평균 59개월 정도이다. 1979년부터 2008년까지 30년간의 디자인권 설정등록 실태를 분석한 결과에 따르면 디자인보호법상 등록료 납부 여부에 따라 최대 15년까지 가능한 디자인권의 존속기간이 실제로는 평균 59.3개월에 불과하다. 특히, 디자인 실체심사를 생략하는 무심사물품의 디자인권 존속기간은 평균 48개월에 불과했으며, 지난 30년 동안 법정 디자인권 존속기간 10년을 유지한 사례는 총 8,240건으로 이 기간 중 등록디자인 185,746건의 4.4%에 불과한 것으로 나타났다. 2000년대 이후 디자인권의 존속기간이 점차 연장되는 경향을 보여 디자인에 대한 권리자의 인식과 관심이 점차 개선되고 있음을 보여 주고 있지만, 여전히 5년을 약간 상회(무심사의 경우는 50개월을 약간 상회)하는 정도에 머무르고 있다.[13] 이번 개정으로 디자인권의 존속기간과 특허권[14]의 존속기간이 동일하게 되었지만, 디자인의 라이프 사이클이 점점 짧아지고 있는 가운데 반드시 20년으로 연장할 필요가 있는 것인지는 의문이다.

3) 디자인 보호범위와 효력

(1) 디자인 보호범위(권리범위)

디자인의 보호범위는 출원서의 기재사항, 첨부된 도면·사

13 특허청, 「보도자료: 디자인권 존속기간은 평균 59개월」, 2009.2.24.

14 특허법 제88조(특허권의 존속기간) ① 특허권의 존속기간은 제87조 제1항의 규정에 의한 특허권의 설정등록이 있는 날부터 특허출원일후 20년이 되는 날까지로 한다.

진·견본 및 도면에 기재된 디자인의 설명에 의하여 정하여진다. 출원서 및 이에 첨부된 도면은 디자인의 창작내용을 표현하는 것으로서 창작자 및 출원인을 특정하고 디자인의 구체적인 보호범위를 확정하는 기능을 한다. 디자인을 구체적이고 명확하게 표현하기 위하여 필요한 부가도면(전개도, 단면도 및 확대도, 분해사시도)은 디자인의 권리범위를 판단하는 기초가 된다. 주의할 점은 사용상태도 등 디자인을 이해하는 데 도움을 주기 위한 참고도면은 디자인의 권리범위를 판단하는 기초가 되지 않는다.

(2) 디자인권의 효력

디자인권자는 업으로서 등록디자인 또는 이와 유사한 디자인을 실시할 권리를 독점한다. 다만, 그 디자인권에 관하여 전용실시권을 설정하였을 때에는 디자인권자는 실시할 권리가 없다.

(3) 디자인권의 효력 제한

디자인권의 효력이 미치지 아니하는 범위는 i) 연구 또는 시험을 하기 위한 등록디자인 또는 이와 유사한 디자인의 실시, ii) 국내를 통과하는 데에 불과한 선박·항공기·차량 또는 이에 사용되는 기계·기구·장치, 그 밖의 물건, iii) 디자인등록출원 시부터 국내에 있던 물건이다.

글자체가 디자인권으로 설정등록된 경우에 있어서는, i) 타자·조판 또는 인쇄 등의 통상적인 과정에서 글자체를 사용하는 경우, ii) 타자·조판 또는 인쇄 등의 통상적인 과정에서 글자체의 사용으로 생산된 결과물인 경우에는 디자인권의 효력이 미치지 않는다.

(4) 타인의 디자인권·특허권·실용신안권 또는 상표권 등과의 관계

가. 자기의 디자인권과 타인의 디자인권·특허권·실용신안권 또는 상표권과의 관계

디자인권자·전용실시권자 또는 통상실시권자는 등록디자인이 그 디자인등록출원일 전에 출원된 타인의 등록디자인 또는 이와 유사한 디자인·특허발명·등록실용신안 또는 등록상표를 이용하거나 디자인권이 그 디자인권의 디자인등록출원일 전에 출원된 타인의 특허권·실용신안권 또는 상표권과 저촉되는 경우에는 그 디자인권자·특허권자·실용신안권자 또는 상표권자의 허락을 받지 않거나, 통상실시권 허락을 받지 않고는 자기의 등록디자인을 업으로서 실시할 수 없다.

나. 자기의 유사한 디자인권과 타인의 디자인권·특허권·실용신안권 또는 상표권과의 관계

디자인권자·전용실시권자 또는 통상실시권자는 그 등록디자인과 유사한 디자인이 그 디자인등록출원일 전에 출원된 타인의 등록디자인 또는 이와 유사한 디자인·특허발명·등록실용신안 또는 등록상표를 이용하거나 그 디자인권의 등록디자인과 유사한 디자인이 디자인등록출원일 전에 출원된 타인의 디자인권·특허권·실용신안권 또는 상표권과 저촉되는 경우에는 그 디자인권자·특허권자·실용신안권자 또는 상표권자의 허락을 받지 않거나 통상실시권 허락을 받지 않고는 자기의 등록디자인과 유사한 디자인을 업으로서 실시할 수 없다.

다. 디자인권과 타인의 저작물과의 관계

디자인권자·전용실시권자 또는 통상실시권자는 등록디자인 또는 이와 유사한 디자인이 그 디자인등록출원일 전에 발생한 타인의 저작물을 이용하거나 그 저작권에 저촉되는 경우에는 저작권자의 허락을 받지 않고는 자기의 등록디자인 또는 이와 유사한 디자인을 업으로서 실시할 수 없다.

라. 디자인보호법과 특허법의 이용실시간의 관계

특허법에서는 특허권자·전용실시권자 또는 통상실시권자는 특허발명이 그 특허발명의 특허출원일 전에 출원된 타인의 특허발명·등록실용신안 또는 등록디자인이나 그 디자인과 유사한 디자인을 이용하거나 특허권이 그 특허발명의 특허출원일 전에 출원된 타인의 디자인권 또는 상표권과 저촉되는 경우에는 그 특허권자·실용신안권자·디자인권자 또는 상표권자의 허락을 받지 않고는 자기의 특허발명을 업으로서 실시할 수 없다[15]고 규정하고 있다.

15 특허법 제98조(타인의 특허발명 등과의 관계).

8.3. 디자인권의 이전 등

1) 디자인권의 이전

디자인권은 이전할 수 있으며, 복수디자인등록된 디자인권은 각 디자인권마다 분리하여 이전할 수 있다.

2) 공유로 되어 있는 디자인권

디자인권이 공유인 경우에 각 공유자는 다른 공유자의 동의를 받지 않으면 그 지분을 이전하거나 그 지분을 목적으로 하는 질권을 설정할 수 없다.

디자인권이 공유인 경우에는 각 공유자는 계약으로 특별히 약정한 경우를 제외하고는 다른 공유자의 동의를 받지 않고 그 등록디자인 또는 이와 유사한 디자인을 단독으로 실시할 수 있다. 디자인권이 공유인 경우에는 각 공유자는 다른 공유자의 동의를 받지 않으면 그 디자인권에 대하여 전용실시권을 설정하거나 통상실시권을 허락할 수 없다.

3) 관련디자인의 이전 등

기본디자인의 디자인권과 관련디자인의 디자인권은 같은 자에게 함께 이전하여야 한다. 기본디자인의 디자인권이 취소, 포기 또는 무효심결 등으로 소멸한 경우 그 기본디자인에 관한 2 이상의 관련디자인의 디자인권을 이전하려면 같은 자에게 함께 이전하여야 한다.

8.4. 디자인권에 대한 실시권

1) 전용실시권

(1) 전용실시권의 설정

디자인권자는 그 디자인권에 대하여 타인에게 전용실시권을 설정할 수 있다. 전용실시권을 설정받은 전용실시권자는 그 설정행위로 정한 범위에서 그 등록디자인 또는 이와 유사한 디자인을 업으로서 실시할 권리를 독점한다. 전용실시권자는 실시사업(實施事業)과 같이 이전하는 경우 또는 상속이나 그 밖의 일반승계의 경우를 제외하고는 디자인권자의 동의를 받지 않으면 그 전용실시권을 이전할 수 없다. 전용실시권자는 디자인권자의 동의를 받지 않으면 그 전용실시권을 목적으로 하는 질권을 설정하거나 통상실시권을 허락할 수 없다. 전용실시권을 설정하면 디자인권자도 실시할 수 없으나, 통상실시권을 설정하면 디자인권자도 실시할 수 있는 점이 통상실시권과 다르다.

(2) 관련디자인의 전용실시권

기본디자인의 디자인권과 관련디자인의 디자인권에 대한 전용실시권은 같은 자에게 동시에 설정하여야 한다. 기본디자인의 디자인권이 취소, 포기 또는 무효심결 등으로 소멸한 경우 그 기본디자인에 관한 2 이상의 관련디자인의 전용실시권을 설정하려면 같은 자에게 함께 설정하여야 한다.

(3) 디자인권 및 전용실시권 등록의 효력

디자인권의 이전(상속 등 일반승계에 의한 경우는 제외), 포기에 의한 소멸 또는 처분의 제한은 등록하지 않으면 효력이 발생하지 않는다. 전용실시권의 설정·이전(상속 등 일반승계에 의한 경우는 제외)·변경·소멸 또는 처분의 제한은 등록하지 않으면 효력이 발생하지 않는다. 또한, 디자인권 또는 전용실시권을 목적으로 하는 질권의 설정·이전(상속 등 일반승계에 의한 경우는 제외)·변경·소멸 또는 처분의 제한의 경우에도 등록하여야 효력이 발생한다.

2) 통상실시권

(1) 통상실시권의 설정

디자인권자는 그 디자인권에 대하여 타인에게 통상실시권을 허락할 수 있다. 통상실시권을 설정하면 통상실시권자는 설정행위로 정한 범위에서 그 등록디자인 또는 이와 유사한 디자인을 업으로서 실시할 수 있는 권리를 가진다. 통상실시권은 그 통상실시권자의 해당 디자인권·전용실시권 또는 통상실시권과 함께 이전되고 해당 디자인권·전용실시권 또는 통상실시권이 소멸되면 함께 소멸된다. 통상실시권은 실시사업과 같이 이전하는 경우 또는 상속이나 그 밖의 일반승계의 경우를 제외하고는 디자인권자(전용실시권자로부터 통상실시권을 허락받은 경우에는 디자인권자 및 전용실시권자)의 동의를 받지 않으면 이전할 수 없으며, 그 통상실시권을 목적으로 하는 질권도 설정할 수 없다.

(2) 선사용에 따른 통상실시권

디자인등록출원 시에 그 디자인등록출원된 디자인의 내용을 알지 못하고 그 디자인을 창작하거나 그 디자인을 창작한 사람으로부터 알게 되어 국내에서 그 등록디자인 또는 이와 유사한 디자인의 실시사업을 하거나 그 사업의 준비를 하고 있는 자는 그 실시 또는 준비를 하고 있는 디자인 및 사업의 목적 범위에서 그 디자인등록출원된 디자인의 디자인권에 대하여 통상실시권을 가진다.

(3) 선출원에 따른 통상실시권

타인의 디자인권이 설정등록되는 때에 그 디자인등록출원된 디자인의 내용을 알지 못하고 그 디자인을 창작하거나 그 디자인을 창작한 사람으로부터 알게 되어 국내에서 그 디자인 또는 이와 유사한 디자인의 실시사업을 하거나 그 사업의 준비를 하고 있는 자는 그 실시 또는 준비를 하고 있는 디자인 및 사업의 목적 범위에서 그 디자인권에 대하여 통상실시권을 가진다. 다만, 다음 요건을 모두 갖추어야 한다.

i) 다른 사람이 디자인등록출원을 한 날 이전에 그 디자인 또는 이와 유사한 디자인에 대하여 디자인등록출원을 하였으나, 디자인등록의 요건 중 신규성이 없다는 이유로 디자인등록거절결정이나 거절한다는 취지의 심결이 확정되었고,

ii) 다른 사람의 디자인권이 설정등록되는 때에 그 디자인등록출원에 관한 디자인의 실시사업을 하거나 그 사업의 준비를 하고 있어야 한다.

(4) 무효심판청구 등록 전의 실시에 의한 통상실시권

디자인권자가 디자인등록 무효심판청구 전에 자기의 등록디자인이 무효사유에 해당하는 것을 알지 못하고 국내에서 그 디자인 또는 이와 유사한 디자인의 실시사업을 하거나 그 사업의 준비를 하고 있는 경우에는 그 실시 또는 준비를 하고 있는 디자인권자(전용실시권자, 통상실시권자 포함)는 그 디자인 및 사업의 목적 범위에서 그 디자인권에 대하여 통상실시권을 가진다. 이와 같은 경우 통상실시권을 가지는 자는 디자인권자 또는 전용실시권자에게 상당한 대가를 지급하여야 한다.

(5) 디자인권 등의 존속기간 만료 후의 통상실시권

가. 디자인권 간의 통상실시권 문제

등록디자인과 유사한 디자인이 그 디자인등록출원일 전 또는 디자인등록출원일과 같은 날에 출원되어 등록된 디자인권(이하 "원디자인권"이라 한다)과 저촉되는 경우 원디자인권의 존속기간이 만료되는 때에는 원디자인권자는 원디자인권의 범위에서 그 디자인권에 대하여 통상실시권을 가지거나 원디자인권의 존속기간 만료 당시 존재하는 그 디자인권의 전용실시권에 대하여 통상실시권을 가진다.

나. 디자인권과 다른 권리 간의 통상실시권 문제

등록디자인 또는 이와 유사한 디자인이 그 디자인등록출원일 전 또는 디자인등록출원일과 같은 날에 출원되어 등록된 특허권·실용신안권과 저촉되고 그 특허권 또는 실용신안권의 존속기간이 만료되는 경우에 관하여는 특허권·실용신안권자는 그 디자인권에 대하여 통상실시권을 가지거나 원디자인권의 존속기간 만료 당시 존재하는 그 디자인권의 전용실시권에 대하여 통상실시권을 가진다.

다. 존속기간 만료 후 통상실시권의 대가

위 가, 나에 따라 통상실시권을 갖는 자는 그 디자인권자 또는 그 디자인권에 대한 전용실시권자에게 대가를 지급하여야 한다.

(6) 통상실시권 등록의 효력

통상실시권을 등록한 경우에는 그 등록 후에 디자인권 또는 전용실시권을 취득한 자에 대하여도 그 효력이 발생한다. 법률상 당연히 발생하는 선사용에 따른 통상실시권, 선출원에 따른 통상실시권, 무효심판청구 등록 전의 실시에 의한 통상실시권, 디자인권 등의 존속기간 만료 후의 통상실시권, 직무발명에 대한 사용자 등의 통상실시권 등은 통상실시권은 등록이 없더라도 효력이 발생한다. 통상실시권의 이전·변경·소멸 또는 처분의 제한, 통상실시권을 목적으로 하는 질권의 설정·이전·변경·소멸 또는 처분의 제한은 등록하지 않으면 제3자에게 대항할 수 없다.

CHAPTER 9

제 9 장

디자인권 침해, 심판 및 분쟁과 소송

9.1. 디자인권의 보호

9.2. 디자인권 심판

9.3. 재심과 심결취소 소송

9.4. 디자인권의 분쟁에 대한 대응

9.5. 벌칙

09

디자인권 침해, 심판 및 분쟁과 소송

9.1. 디자인권의 보호

1) 침해로 보는 행위

등록디자인이나 이와 유사한 디자인에 관한 물품의 생산에만 사용하는 물품을 업으로서 생산·양도·대여·수출 또는 수입하거나 업으로서 그 물품의 양도 또는 대여의 청약을 하는 행위(이를 디자인의 '실시'라 한다)는 그 디자인권 또는 전용실시권을 침해한 것으로 본다.

2) 권리침해에 대한 금지청구권

디자인권자 또는 전용실시권자는 자기의 권리를 침해한 자 또는 침해할 우려가 있는 자에 대하여 그 침해의 금지 또는 예방을 청구할 수 있다.

비밀디자인에 있어서, 비밀로 할 것을 청구한 디자인의 디자인권자 및 전용실시권자는 디자인권자 및 전용실시권자의 성명 및 주소, 디자인등록출원번호 및 출원일, 디자인등록번호 및 등록일, 디자인등록출원서에 첨부한 도면·사진 또는 견본의 내용 등이 기재된 내용을 서면으로 경고한 후가 아니면 자기의 권리를 침해한 자 또는 침해할 우려가 있는 자에 대하여 그 침해의 금지 또는 예방을 청구할 수 없다.

디자인권자 또는 전용실시권자는 위와 같은 청구를 할 때에는 침해행위를 조성한 물품의 폐기, 침해행위에 제공된 설비의 제거, 그 밖에 침해의 예방에 필요한 행위를 청구할 수 있다.

3) 손해액의 추정

디자인권자 또는 전용실시권자는 고의나 과실로 인하여 자기의 디자인권 또는 전용실시권을 침해한 자에 대하여 그 침해에 의하여 자기가 입은 손해의 배상을 청구하는 경우 그 권리를 침해한 자가 그 침해행위를 하게 한 물건을 양도하였을 때에는 그 물건의 양도수량에 디자인권자 또는 전용실시권자가 그 침해행위가 없었다면 판매할 수 있었던 물건의 단위수량당 이익액을 곱한 금액을 디자인권자 또는 전용실시권자가 입은 손해액으로 할 수 있다.

손해액을 산정하는 경우 손해액은 디자인권자 또는 전용실시권자가 생산할 수 있었던 물건의 수량에서 실제 판매한 물건의 수량을 뺀 수량에 단위수량당 이익액을 곱한 금액을 한도로 한다. 다만, 디자인권자 또는 전용실시권자가 침해행위 외의 사유로 판매할 수 없었던 사정이 있을 때에는 그 침해행위 외의 사유로 판매할 수 없었던 수량에 따른 금액을 빼야 한다. 디자인권자 또는 전용실시권자가 고의나 과실로 자기의 디자인권 또는 전용실시권을 침해한 자에 대하여 그 침해에 의하여 자기가 입은 손해의 배상을 청구하는 경우 권리를 침해한 자가 그 침해행위로 이익을 얻었을 때에는 그 이익액을 디자인권자 또는 전용실시권자가 받은 손해액으로 추정한다. 디자인권자 또는 전용실시권자가 고의나 과실로 자기의 디자인권 또는 전용실시권을 침해한 자에 대하여 그 침해에 의하여 자기가 입은 손해의 배상을 청구하는 경우 그 등록디자인의 실시에 대하여 통상적으로 받을 수 있는 금액을 디자인권자 또는 전용실시권자가 입은 손해액으로 하여 손해배상을 청구할 수 있다. 법원은 디자인권 또는 전용실시권의 침해에 관한 소송에서 손해가 발생한 것은 인정되나 그 손해액을 증명하기 위하여 필요한 사실을 밝히는 것이 사실의 성질상 극히 곤란한 경우에는 변론전체의 취지와 증거조사의 결과에 기초하여 상당한 손해액을 인정할 수 있다.

4) 과실의 추정

타인의 디자인권 또는 전용실시권을 침해한 자는 그 침해행위에 대하여 과실이 있는 것으로 추정한다. 다만, 비밀디자인으로 설정등록된 디자인권 또는 전용실시권의 침해에 대하여는 그렇지 않다. 디자인일부심사등록디자인의 디자인권자·전용실시권자 또는 통상실시권자가 그 등록디자인 또는 이와 유사한 디자인과 관련하여 타인의 디자인권 또는 전용실시권을 침해한 경우에도 동일하다.

5) 디자인권자 등의 신용회복

고의나 과실로 디자인권 또는 전용실시권을 침해함으로써 디자인권자 또는 전용실시권자의 업무상 신용을 떨어뜨린 자에 대하여는 디자인권자 또는 전용실시권자의 청구에 의하여 손해배상을 갈음하여 또는 손해배상과 함께 디자인권자 또는 전용실시권자의 업무상 신용회복을 위하여 법원은 필요한 조치를 명할 수 있다.

9.2. 디자인권 심판

디자인권 심판에는 결정계심판인 거절결정불복심판, 디자인등록취소결정에 대한 심판과 당사자계 심판인 무효심판, 권리범위확인심판, 통상실시권 허락의 심판으로 구분한다.

1) 거절결정불복심판, 디자인등록취소결정에 대한 심판

디자인등록거절결정 또는 디자인등록취소결정을 받은 자가 불복할 때에는 그 결정등본을 송달받은 날부터 30일 이내에 심판을 청구할 수 있다.

디자인등록거절결정 또는 디자인등록취소결정에 대한 불복심판 청구가 이유 있다고 인정될 때에는 심결로써 디자인등록거절결정 또는 디자인등록취소결정을 취소한다. 디자인등록거절결정 또는 디자인등록취소결정을 취소할 경우 심사에 부칠 것이라는 심결을 하면, 심결에서 취소의 기본이 된 이유는 그 사건에 대하여 심사관을 기속한다.

2) 무효심판

(1) 무효심판의 대상

이해관계인 또는 심사관은 디자인등록이 디자인등록을 받을 수 없는 자에 의한 등록, 외국인의 권리능력이 없는 자에 의한 등록, 디자인등록의 요건에 위배된 등록, 디자인등록을 받을 수 없는 디자인등록, 디자인등록을 받은 관련디자인 또는 디자인등록출원된 관련디자인과만 유사한 관련디자인등록, 기본디자인의 디자인권에 전용실시권이 설정된 관련디자인등록, 공동출원에 위배된 디자인등록, 선출원에 위배된 디자인등록, 조약에 위반된 경우에 해당하는 경우에는 무효심판을 청구할 수 있다. 복수디자인등록출원된 디자인등록에 대하여는 각 디자인마다 청구하여야 한다.

(2) 무효심판 청구기간

무효심판은 디자인권이 소멸된 후에도 청구할 수 있다.

(3) 무효심판의 효력

디자인등록을 무효로 한다는 심결이 확정된 때에는 그 디자인권은 처음부터 없었던 것으로 본다. 무효심판이 청구된 경우에는 그 취지를 해당 디자인권의 전용실시권자나 그 밖에 디자인에 관한 권리를 등록한 자에게 통지된다.

3) 권리범위 확인심판

디자인권자·전용실시권자 또는 이해관계인은 등록디자인의 보호범위를 확인하기 위하여 디자인권의 권리범위 확인심판을 청구할 수 있다. 복수디자인등록출원된 디자인등록에 대하여는 각 디자인마다 청구하여야 한다.

4) 통상실시권 허락의 심판

디자인권자·전용실시권자 또는 통상실시권자는 해당 등록디자인 또는 등록디자인과 유사한 디자인이 타인의 등록디자인 등과의 이용저촉 관계에 해당하여 실시의 허락을 받으려는 경우에 그 타인이 정당한 이유 없이 허락하지 아니하거나 그 타인의 허락을 받을 수 없을 때에는 자기의 등록디자인 또는 등록디자인과 유사한 디자인의 실시에 필요한 범위에서 통상실시권 허락의 심판을 청구할 수 있다. 통상실시권을 허락한 자가 그 통상실시권을 허락받은 자의 등록디자인 또는 이와 유사한 디자인을 실시할 필요가 있는 경우에 그 통상실시권을 허락받은 자가 실시를 허락하지 아니하거나 실시의 허락을 받을 수 없을 때에는 통상실시권을 허락받아 실시하려는 등록디자인 또는 이와 유사한 디자인의 범위에서 통상실시권 허락의 심판을 청구할 수 있다. 통상실시권을 허락받은 자는 특허권자·실용신안권자·디자인권자 또는 그 전용실시권자에게 대가를 지급하여야 한다. 다만, 자기가 책임질 수 없는 사유로 지급할 수 없는 경우에는 그 대가를 공탁하여야 한다. 대가를 지급하지 않거나 공탁을 하지 않으면 그 특허발명·등록실용신안 또는 등록디자인이나 이와 유사한 디자인을 실시할 수 없다.

5) 심판 절차

(1) 공동심판의 청구

디자인권 또는 디자인등록을 받을 수 있는 권리의 공유자가 그 공유인 권리에 관하여 심판을 청구할 때에는 공유자 모두가 공동으로 청구하여야 한다. 디자인등록무효심판 또는 권리범위 확인심판을 청구하는 자가 2인 이상이면 각자 또는 모두가 공동으로 심판을 청구할 수 있다. 공유인 디자인권의 디자인권자에 대하여 심판을 청구할 때에는 공유자 모두를 피청구인으로 하여야 한다.

(2) 심판청구방식

디자인등록의 무효심판, 권리범위 확인심판 또는 통상실시권 허락의 심판을 청구하는 자는 당사자의 성명 및 주소, 심판사건의 표시, 청구의 취지 및 그 이유 등의 사항을 적은 심판청구서를 특허심판원장에게 제출하여야 한다. 권리범위 확인심판을 청구할 때에는 등록디자인과 대비할 수 있는 도면을 첨부하여야 한다.

제출된 심판청구서를 보정하는 경우에는 그 요지를 변경할 수 없으나, 당사자 중 디자인권자의 기재를 바로잡기 위하여 보정(추가하는 것을 포함한다)하는 경우, 청구의 이유를 보정하는 경우, 디자인권자 또는 전용실시권자가 청구한 권리범위 확인심판에서 심판청구서의 확인대상 디자인(청구인이 주장하는 피청구인의 디자인을 말한다)의 도면에 대하여 피청구인이 자신이 실제로 실시하고 있는 디자인과 비교하여 다르다고 주장하는 경우에 청구인이 피청구인의 실시 디자인과 같게 하기 위하여 심판청구서의 확인대상 디자인의 도면을 보정하는 경우는 요지변경으로 보지 않는다. 심판청구서가 흠을 보정할 수 없는 부적법한 심판청구일 때에는 피청구인에게 답변서 제출의 기회를 주지 않고 심결로써 각하할 수 있다.

(3) 직권심리

심판에서는 당사자 또는 참가인이 신청하지 아니한 이유에 대하여도 심리할 수 있다. 이 경우 당사자 및 참가인에게 기간을 정하여 그 이유에 대하여 의견을 진술할 기회를 주어야 한다. 그러나 심판에서는 청구인이 신청하지 아니한 청구의 취지에 대하여는 심리할 수 없다.

(4) 심판청구의 취하

심판청구는 심결이 확정될 때까지 취하할 수 있다. 다만, 답변서가 제출된 후에는 상대방의 동의를 받아야 한다. 취하를 하였을 때에는 그 심판청구는 처음부터 없었던 것으로 본다. 취하할 경우 디자인등록에 대하여 무효사유가 있으면 심사관이 무효심판을 청구할 수 있다.

(5) 일사부재리

심판의 심결이 확정되었을 때에는 그 사건에 대하여는 누구든지 같은 사실 및 같은 증거에 의하여 다시 심판을 청구할 수 없다. 다만, 확정된 심결이 각하심결인 경우에는 그렇지 않다.

9.3. 재심과 심결취소 소송

1) 재심

(1) 재심청구

당사자는 확정된 심결에 대하여 민사소송법에 따라 재심을 청구할 수 있다. 심판의 당사자가 공모하여 제3자의 권리 또는 이익을 사해(詐害)할 목적으로 심결을 하게 한 경우에는 제3자는 그 확정된 심결에 대하여 재심을 청구할 수 있다. 재심청구의 기간은 당사자가 심결 확정 후 재심사유를 안 날부터 30일 이내에 재심을 청구하여야 한다. 다만, 심결 확정 후 3년이 지나면 재심을 청구할 수 없다. 재심사유가 심결 확정 후에 생겼을 때에는 재심청구 기간은 그 사유가 발생한 날의 다음 날부터 기산한다.

(2) 재심에 의하여 회복한 디자인권의 효력 제한

디자인권의 효력은 ⅰ) 무효가 된 디자인권이 재심에 의하여 회복된 경우, ⅱ) 디자인권의 권리범위에 속하지 아니한다는 심결이 확정된 후 재심에 의하여 그 심결과 상반되는 심결이 확정된 경우, iii) 거절한다는 취지의 심결이 있었던 디자인등록출원에 대하여 재심에 의하여 디자인권이 설정등록된 경우에 해당하는 경우 해당 심결이 확정된 후 재심청구 등록 전에 선의로 수입 또는 국내에서 생산하거나 취득한 물품에는 미치지 아니한다.

위 i)~iii)에 해당하는 경우의 디자인권의 효력은 해당 심결이 확정된 후 재심청구 등록 전에 한 해당 디자인의 선의의 실시행위, 등록디자인과 관련된 물품의 생산에만 사용하는 물품을 해당 심결이 확정된 후 재심청구 등록 전에 선의로 생산·양도·대여·수출 또는 수입하거나 양도 또는 대여의 청약을 하는 행위에 미치지 않는다.

(3) 재심에 의하여 회복한 디자인권에 대한 선사용자의 통상실시권

i) 무효가 된 디자인권이 재심에 의하여 회복된 경우, ii) 디자인권의 권리범위에 속하지 아니한다는 심결이 확정된 후 재심에 의하여 그 심결과 상반되는 심결이 확정된 경우, iii) 거절한다는 취지의 심결이 있었던 디자인등록출원에 대하여 재심에 의하여 디자인권이 설정등록된 경우에 해당하는 경우에 해당 심결이 확정된 후 재심청구 등록 전에 국내에서 선의로 그 디자인의 실시사업을 하고 있는 자 또는 그 사업을 준비하고 있는 자는 실시하고 있거나 준비하고 있는 디자인 및 사업의 목적 범위에서 그 디자인권에 관하여 통상실시권을 가진다.

(4) 재심에 의하여 통상실시권을 상실한 원권리자의 통상실시권

통상실시권을 허락한다는 심결이 확정된 후 재심에서 이에 상반되는 심결이 확정된 경우에는 재심청구 등록 전에 선의로 국내에서 그 디자인의 실시사업을 하고 있는 자 또는 그 사업을 준비하고 있는 자는 원통상실시권의 사업 목적 및 디자인의 범위에서 그 디자인권 또는 재심의 심결이 확정된 당시에 존재하는 전용실시권에 대하여 통상실시권을 가진다. 이에 따라 통상실시권을 가진 자는 디자인권자 또는 전용실시권자에게 상당한 대가를 지급하여야 한다.

2) 특허청 심판원의 심결에 대한 취소소송

(1) 심결취소 소송

심결에 대한 소와 각하결정 및 심판청구나 재심청구의 각하결정에 대한 소는 특허법원의 전속관할로 한다. 소를 제기할 수 있는 자는 당사자, 참가인 또는 해당 심판이나 재심에 참가신청을 하였으나 그 신청이 거부된 자만 제기할 수 있다. 소제기 기간은 심결 또는 결정의 등본을 송달받은 날부터 30일 이내에 제기하여야 하며 이 기간은 불변기간이다. 다만, 심판장은 주소 또는 거소가 멀리 떨어진 곳에 있거나 교통이 불편한 지역에 있는 자를 위하여 직권으로 그 불변기간에 대하여 부가기간을 정할 수 있다. 특허법원의 판결에 대하여는 대법원에 상고할 수 있다.

(2) 심결취소 소송의 절차

결정계심판인 거절결정불복심판, 디자인등록취소결정에 대한 심판에 대한 심결취소 소송은 특허청장을 피고로 하여 제기하여야 하며, 당사자계 심판인 디자인등록의 무효심판, 권리범위 확인심판, 통상실시권 허락의 심판 또는 그 재심의 심결에 대한 소는 그 청구인 또는 피청구인을 피고로 하여 제기하여야 한다. 심판관은 심결 또는 결정의 취소판결이 확정되었을 때에는 다시 심리를 하여 심결 또는 결정을 하여야 하며, 판결에서 취소의 기본이 된 이유는 그 사건에 대하여 특허심판원을 기속한다.

9.4. 디자인권의 분쟁에 대한 대응

1) 개요

디자인등록출원인은 출원공개된 디자인임을 알고 그 디자인 등록출원된 디자인 또는 이와 유사한 디자인을 업으로서 실시한 자에게 그 경고를 받거나 출원공개된 디자인임을 안 때부터 디자인권의 설정등록 시까지의 기간 동안 그 등록디자인 또는 이와 유사한 디자인의 실시에 대하여 통상적으로 받을 수 있는 금액에 상당하는 보상금의 지급을 청구할 수 있다.

또한, 등록된 디자인권에 대하여는 디자인권자(전용실시권자)는 업으로서 등록디자인 또는 이와 유사한 디자인을 실시할 권리를 독점하며, 권리보호기간은 설정등록한 날부터 발생하여 디자인등록출원일 후 20년이 되는 날까지 존속된다.

등록디자인의 보호범위는 디자인등록출원서의 기재사항 및 그 출원서에 첨부된 도면·사진 또는 견본과 도면에 적힌 디자인의 설명에 따라 표현된 디자인에 의하여 정하여진다. 또한, 등록된 디자인권의 보호범위는 등록디자인이나 이와 유사한 디자인에 관한 물품의 생산에만 사용하는 물품을 업으로서 생산·양도·대여·수출 또는 수입하거나 업으로서 그 물품의 양도 또는 대여의 청약을 하는 행위에 대하여 미치며 타인이 정당한 권한이나 이유 없이 디자인권의 내용을 실시하는 경우에도 디자인권을 침해하게 되는데 이를 간접침해라고 한다. 디자인권의 침해가 있는 경우 민사적·형사적 구제를 받을 수 있다.

2) 디자인권 침해에 대한 대응 방안

경쟁사나 제3자가 본인의 지식재산권을 침해하고 있다고 의심되는 경우에는 실시품을 분석하고 본인의 디자인권과의 관계를 조사하여 침해 증거를 조사하여야 한다. 증거확보 후에는 경고장을 발송하여 침해를 중지하도록 요구한다. 경고장을 송부하였음에도 불구하고 계속 침해할 경우 소송을 제기한다.

(1) 침해사실 확인

침해사실의 발견은 거래시장에서 타사의 침해품을 발견하게 되거나, 제3자로부터의 문의나 통지 등을 통해서 이루어진다.

(2) 침해 증거수집 및 확보

침해 사실이 발견된 경우, 먼저 침해행위를 뒷받침할 수 있는 증거자료(침해품, 카탈로그, 기술자료)를 수집한 다음에, 침해자에 대한 조사(침해품의 생산, 판매량, 판매루트, 실시개시의 시기, 생산방법 등의 실시상황과 회사규모, 자금력, 기술력, 영업력, 자사와의 이해관계, 대리인 등 기업력의 조사)를 한다.

(3) 권리범위 확인

수집한 증거조사에 의해 특정된 대상물을 본인의 권리와 대비하여 권리범위에 속하는 지를 확인하여 침해하고 있는지 여부를 검토한다.

(4) 침해 입증방법 확인

상대방의 실시가 본인의 권리를 침해하였다고 판단될 경우에는 신중을 기해 침해의 입증 방법을 모색하여야 한다.

(5) 방침 결정

침해자에 대해서 경고할 지의 여부, 경고할 경우 앞으로의 대응에 대한 방침을 세운다.

(6) 경고장 발송

경고는 통상 서면으로 행하고 경고장에서는 권리자, 권리의 특정(등록번호, 공고번호, 디자인권의 명칭 등) 및 상대방 실시형태의 특정(침해품, 방법 등) 및 회답기한 등을 명시하여 통상, 내용증명우편으로 상대방에 발송한다. 상대방이 복수인 경우, 상대방을 특정하지 않고, 신문지상에 게재 경고하는 경우도 고려할 수 있다.

※ 경고장의 장점

경고장은 지식재산권을 행사함에 있어 소송에 들어가기 전에 행할 수 있는 수단으로서 시장확보를 할 수 있는 간단하고 손쉬운 방법이다. 일반적으로 유통 업체는 침해 경고장을 받게 되면 납품 업체에 그 해결을 요구하고 문제가 해결 될 때까지 제품의 판매 및 납품을 중단시킨다. 이를 통하여 경쟁사의 제품을 판매하는 것을 막거나 일정기간 동안 지연시킬 수 있어 시장점유율을 증대시킬 수 있다. 경고장이 부당하다는 결과가 나오더라도 이와 같은 결과가 나올 때까지는 상당한 기간이 소요되므로 이 기간 동안 시장 선점을 할 수 있다.

만약, 침해자가 본인의 디자인권에 대하여 전문가의 감정 등을 받음과 동시에 회신문 발송, 무효심판, 권리범위확인심판을 제기했음에도 경고장을 또 발송한다든지 하는 경우 명예훼손죄, 허위사실유포죄, 업무방해죄로 고소될 수 있으며, 영업방해금지 등 가처분신청을 제기당할 수도 있으므로 본인의 권리가 등록되어 있다는 것만으로 과도하게 권리행사는 하는 것은 주의해야 한다.

3) 권리 침해 경고를 받은 경우 대응 방안

(1) 경고장을 받았을 경우 경고장 내용 사실관계 확인

특허청에 디자인등록원부를 발급받아 경고장의 권리란과 일치하는지, 권리는 현재 존속하고 있는지, 디자인권이 특정되어 있는지, 침해라고 판단하는 증거와 이유가 명기되어 있는지, 권리자의 요구가 특정(제조판매의 중지, 손해배상청구, 라이선스청구 등)되어 있는지, 회답기한은 언제까지인지, 권리자가 강경자세인지, 대리인에 의한 것인지를 확인한다. 만약, 경고장에 침해주장 이유나 근거가 명확하게 제시되지 않은 경우에 권리자에게 명확한 근거 자료를 요구하여 권리자에게 심리적 부담을 준다.

① 경고장 요건 검토

문제 디자인의 등록번호, 침해제품의 특정여부를 검토한다. 불특정 시에는 무시해도 무방하다.

② 경고장 내용 검토

디자인권자의 의도(라이센스 계약을 체결하고자 하는 것인지 아니면, 시장진입 방해나 퇴출을 의도하는 것인지, 협상과 소제기 중 어느 쪽에 더 기울어 있는지), 요구 사항의 수용가능성 및 협상가능성 등을 종합적으로 검토한다.

③ 대리인 선임 필요 검토

분쟁을 둘러싼 경고장 처리에 관하여 회사 내 처리능력, 경험이 충분하지 못한 경우 대리인 선임을 검토한다.

④ 전문가의 감정서 확보

고의 침해에 대한 중벌 적용을 회피할 수 있는 효과적인 방어책이다.

⑤ 경고장에 대한 회신

경고장에 대해서는 될 수 있는 한 기간 내에 성실하게 회신하여 권리자의 감정을 자극하지 않도록 한다.

(2) 침해여부 및 무효사유 판단

자사의 현재 실시품이 디자인등록권리의 권리범위에 속하는지의 여부 즉 침해여부판단을 하여야 하고, 상대방 권리에 대해 무효심판을 할 수 있는 선행디자인을 검색한다.

디자인권의 직접침해라 함은 정당한 권한이 없는 제3자가 업으로서 디자인권에 관한 등록디자인 또는 이와 유사한 디자인을 실시하는 것을 말하며, 업으로서 실시란 사업적으로 실시하여야 한다. 침해여부에 대해서는 전문가인 변리사에게 감정을 받는 것이 좋다.

무효사유에는 신규성과 창작성의 결여가 대표적이며, 등록디자인을 무효로 시킬만한 선행디자인을 찾기 위하여 때로는 수천만 원씩 소요되는 경우도 있다. 회사의 사활을 거는 문제라면 수단과 방법을 다하여 전 세계에 있는 모든 선행디자인을 검색하여 찾아내야 한다.

4) 디자인권 분쟁 해결 방안(민사적·형사적 구제)

우리나라의 디자인권 분쟁에 대한 법적해결 방법은 행정부(특허청)에서 하는 심판에 의한 방법과, 사법부에서 하는 소송에 의한 방법이 있다. 심판에 의한 해결방법은 디자인권 무효심판, 권리범위확인심판이 있고, 사법부에 의한 해결방법은 침해금지, 손해배상 및 신용회복 등에 대한 소위 디자인권 침해소송(민사적·형사적 구제수단)이다. 침해소송은 지방법원, 특허법원, 대법원에서 다루고 있다. 특허청 심판원의 심판에 대한 심결취소 소송에 대해서는 특허심판원과 특허법원에서 각각 진행한다. 사법부에서 디자인권 침해소송 진행 중이라도 해당 권리에 대한 권리범위확인 심판이나 무효심판을 특허청에 제기하여 다툴 수 있어 상대방 권리에 대한 항변수단으로 활용할 수 있다. 행정부와 사법부에서 분쟁을 해결하는 두 가지 형태의 소송해결 방법은 사법부와 행정부의 결과가 서로 다르게 나올 수 있다는 점에 문제가 있었다. 그러나 2016.1.1.부터 지식재산권 소송의 관할 집중 개정으로 특허침해소송 등의 1심은 각 고법소재지 5개 지법의 전속관할로 하되, 서울중앙지법은 선택적 중복관할로 인정하고, 2심은 특허침해소송 등의 항소심을 특허법원으로 집중하여 특허권 등에 관한 심결취소소송과 침해소송 관할을 일부 일원화하였다.

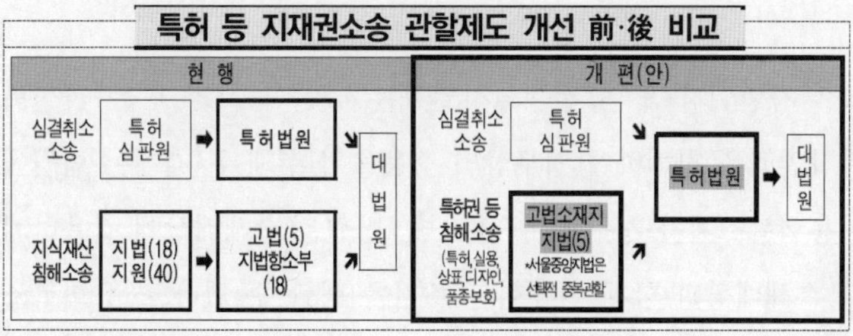

(1) 민사적 구제수단

분쟁해결을 위한 소송제도로서 침해금지청구, 손해배상청구, 신용회복청구, 부당이득반환청구, 가압류, 가처분의 민사적 구제수단이 있다.

가. 침해금지 및 예방청구권

디자인권자 또는 전용실시권자는 자기의 권리를 침해한 자 또는 침해할 우려가 있는 자에 대하여 고의·과실을 불문하고 침해의 금지 또는 예방을 청구할 수 있다. 침해행위를 조성한 물건의 폐기, 침해 행위에 제공된 설비의 제거 기타 침해예방에 필요한 행위를 청구할 수 있다.

나. 손해배상청구권

디자인권자 또는 전용실시권자는 고의 또는 과실로 권리를 침해한 자에 대하여 손해배상을 청구할 수 있다. 고의 또는 과실로 인한 위법행위로 타인에게 손해를 가한 자는 그 손해를 배상할 책임이 있다.

다. 신용회복조치청구권

디자인권자 또는 전용실시권자는 타인이 고의 또는 과실로 디자인권을 침해하여 업무상의 신용을 실추케 한 때에는 법원에 신용회복조치를 청구할 수 있으며, 법원은 손해배상에 갈음하거나 손해배상과 함께 신용회복 조치를 명할 수 있다. 신용회복조치 방법으로는 신문, 잡지 등에 권리자의 승소사실을 게재하는 등의 방법이 있다.

라. 부당이득반환청구권[1]

법률상 원인 없이 타인의 디자인권 또는 전용실시권으로 인

1 민법 제741조.

하여 이익을 얻고 이로 인하여 권리자에게 손해를 가한 자에게 그 이익을 반환하도록 청구할 수 있는 권리를 말한다.

마. 가처분[2]

디자인권자는 자신의 디자인권이 침해되고 있음을 이유로 침해금지명령을 해줄 것을 법원에 청구할 수 있으며, 특히 본안에 관한 최종적인 심리이전의 단계에서(제소 전·후를 불문) 침해피의자에게 잠정적인 침해금지 명령을 내리는 것을 가처분이라고 한다. 가처분 명령은 디자인권자에게는 매우 실효적이고, 강력한 공격수단이 되며 침해혐의자에게는 즉각적인 사업 중단을 초래하는 두려운 존재이다. 따라서 법원에서의 가처분의 인정은 침해혐의자에 대한 불측의 손해를 입힐 수 있기 때문에 다음과 같이 매우 엄격한 요건을 요하고 있다. 가처분이 인용되기 위해서는 다음의 요건들이 충족되어야 한다. 이러한 요건들에 대한 입증책임은 가처분 신청권자(원고)가 부담한다.

가처분 신청을 하면 가처분 신청이 결정되는데 걸리는 기간은 보통 3개월에서 6개월 정도이며, 디자인권에 대한 가처분이 인정되면 침해자의 생산 및 판매가 중단되므로, 가처분 신청은 침해소송에 있어서 매우 중요하다.

2 민법 제714조.

표 9-1. 가처분 요건

요건	주요 내용
본안의 승소 가능성	당해 디자인의 도면 등 권리범위에 피고의 문제되는 행위가 포함되며, 당 디자인을 침해하였는지 여부 및 당해 디자인의 유효성 문제이다.
회복할 수 없는 손해의 염려	금전적인 배상이 적당치 않거나 완전한 전보배상(塡補賠償, 이행에 갈음하는 손해의 배상)이 불가능한 손해를 말한다. 본안에서의 승소 가능성이 충분히 입증된 경우에는 보통 추정된다.
디자인권자와 침해피의자의 이익 형량고려	가처분이 기각될 때 디자인권자의 손해가 가처분의 인용 시의 침해피의자의 손해를 초과하거나 적어도 적지 않아야 한다는 요건을 말하며 이는 법관의 재량 사항이다. 실제적으로 대부분 형량의 결과가 피고 측에 일방적으로 기울지 않는 한 가처분을 인정하는 것이 법원이 태도이다.
공익에 반하지 않을 것	침해 제품의 생산 및 판매를 금지함으로써 소비자의 선택권을 제한하고 생필품인 경우에는 공공의 부담 등의 공익을 주장할 수 있으나, 디자인권 보호의 공익이 상기와 같은 잠재적인 공익보다 우월하므로 당해 요건이 문제되는 경우는 드물다.
담보의 제공	본안소송에서 원고가 패소하였을 경우 가처분에 대한 피고의 손해를 담보하기 위해 요구되는 요건이다.

(2) 형사적 구제수단

디자인권의 침해에 대한 형사적 구제로는 침해죄·위증죄·허위표시의 죄·거짓행위의 죄·비밀누설죄 및 양벌죄가 있다. 이에 대한 구체적 내용은 벌칙에서 다룬다.

(3) 소송외적 해결제도

소송을 통한 해결 방법은 상대방의 감정을 상하게 할 뿐 아니라, 소송의 결과까지 많은 시간이 소요되므로 양 당사자 모두에게 소송의 종료시점에서 법적구제의 실익이 없어지는 경우도 많다. 그러나 소송외적 해결 방법은 신속하고 저렴하며 편리하고, 비공식적인 절차에 의하여 문제를 해결할 수 있는 방법이며, 소송절차에 의하여 공개될 수 있는 회사의 영업비밀을 보호할 수 있다.

가. 중재제도

분쟁 당사자의 합의에 따라 분쟁에 관한 판단을 법원이 아닌 제3자(중재인 또는 중재기관)에게 맡겨 그 판단에 따름으로써 분쟁을 해결하는 방법이다. 대표적인 중재기관으로는 대한상사중재원이 있다.

나. 조정제도

분쟁조정 대상은 특허권, 실용신안권, 디자인권, 상표권의 침해·양도 또는 실시에 관련 된 분쟁 및 직무발명보상에 관련된 분쟁 등으로 특허청에 신청한다. 분쟁조정은 조정신청일로부터 3개월 이내에 조정이 완료된다. 분쟁조정 효력은 양 당사자의 합의조정이 성립될 경우 확정판결과 동일한 '재판상 화해' 효력이 발생되므로 합의 이후에는 불만이 있더라도 소를 제기할 수 없다. 만약, 합의조정이 불성립될 경우에는 소를 제기할 수 있다.

산업재산권분쟁조정제도의 장점으로는 쟁송능력이 부족한 중소기업 또는 개인이 편리하게 이용할 수 있고, 조정이 잘 되었을 경우 수년이 걸릴 분쟁이 수개월 내에 해결될 수 있으며, 신청절차가 간편하며 조정과정에서 비용이 거의 들지 않는다. 신청인이 원하는 경우 모든 절차를 비공개로 진행하므로 기업의 비밀이 공개될 염려가 없다. 합의에 도달하여 조정조서를 작성하면 재판상 화해가 성립되어 확정판결과 동일한 효력을 가지며, 분쟁에 실패하더라도 소제기가 가능하다는 점 등이다.

산업재산권 분쟁조정 지원 절차

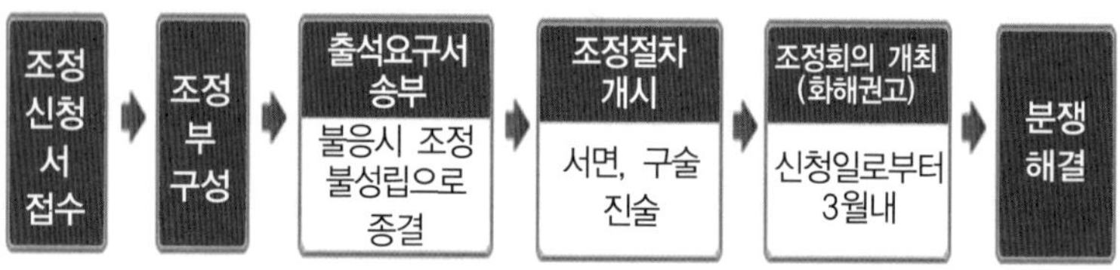

다. 협상

협상에 참여하는 양당사자가 협상의 타결에 의하여 해결하는 방법으로서 가장 바람직한 분쟁해결 방법이다.

라. 기타

관세청에서는 상표권과 저작권 침해 물품 뿐 아니라 특허권, 디자인권, 실용신안권 침해물품 및 부정경쟁행위에 해당하는 물품에 대하여 수출입을 금지하고 있다.

9.5. 벌칙

1) 침해죄

디자인권 또는 전용실시권을 침해한 자는 7년 이하의 징역 또는 1억원 이하의 벌금에 처한다. 침해죄는 디자인권자 또는 전용실시권자의 고소가 없으면 공소를 제기할 수 없는 친고죄이다.

2) 위증죄

증인, 감정인 또는 통역인이 특허심판원에 대하여 거짓 진술·감정 또는 통역을 한 경우에는 5년 이하의 징역 또는 1천만원 이하의 벌금에 처한다.

3) 허위표시죄

디자인등록된 것이 아닌 물품, 디자인등록출원 중이 아닌 물품 또는 그 물품의 용기나 포장에 디자인등록표시 또는 디자인등록출원표시를 하거나 이와 혼동하기 쉬운 표시를 하는 행위를 하거나, 이와 같은 표시를 한 것을 양도·대여 또는 전시하는 행위나, 디자인등록된 것이 아닌 물품, 디자인등록출원 중이 아닌 물품을 생산·사용·양도 또는 대여하기 위하여 광고·간판 또는 표찰에 그 물품이 디자인등록 또는 디자인등록출원된 것으로 표시하거나 이와 혼동하기 쉬운 표시를 하는 행위를 하는 자는 3년 이하의 징역 또는 2천만원 이하의 벌금에 처한다.

4) 거짓행위의 죄

거짓이나 그 밖의 부정한 행위로써 디자인등록 또는 심결을 받은 자는 3년 이하의 징역 또는 2천만원 이하의 벌금에 처한다.

5) 비밀유지명령위반죄

국내외에서 정당한 사유 없이 디자인권 관련 소송과정에서 영업비밀을 알게 된 자에게 그 영업비밀을 유지하도록 법원이 명령한 경우 그 비밀유지명령을 위반한 자는 5년 이하의 징역 또는 5천만원 이하의 벌금에 처한다. 비밀유지명령위반죄는 비밀유지명령을 신청한 자의 고소가 없으면 공소를 제기할 수 없는 친고죄이다.

6) 비밀누설죄

(1) 특허청 직원 등에 대한 비밀누설죄

특허청 또는 특허심판원 직원이나 그 직원으로 재직하였던 사람이 디자인등록출원 중인 디자인에 관하여 직무상 알게 된 비밀을 누설하거나 도용한 경우에는 5년 이하의 징역 또는 5천만원 이하의 벌금에 처한다.

(2) 비밀디자인의 열람에 대한 비밀누설죄

디자인권자의 동의를 받은 자가 열람청구한 경우 또는 그 비밀디자인과 동일하거나 유사한 디자인에 관한 심사, 디자인일부심사등록 이의신청, 심판, 재심 또는 소송의 당사자나 참가인이 열람청구한 경우 또는 디자인권 침해의 경고를 받은 사실을 소명한 자가 열람청구한 경우 비밀디자인을 열람할 수 있으나 이와 같은 경우 비밀디자인을 열람한 자는 그 열람한 내용을 무단으로 촬영·복사 등의 방법으로 취득하거나 알게 된 내용을 누설하여서는 안 된다. 이를 위반하여 열람한 내용을 무단으로 촬영·복사 등의 방법으로 취득하거나 알게 된 내용을 누설하는 경우에는 2년 이하의 징역 또는 2천만원 이하의 벌금에 처한다.

7) 양벌죄

법인의 대표자나 법인 또는 개인의 대리인, 사용인, 그 밖의 종업원이 그 법인 또는 개인의 업무에 관하여 침해죄, 허위표시의 죄, 거짓행위의 죄 어느 하나에 해당하는 위반행위를 하면 그 행위자를 벌하는 외에 그 법인에게도 벌금형을 부과한다. 다만, 법인 또는 개인이 그 위반행위를 방지하기 위하여 해당 업무에 관하여 상당한 주의와 감독을 게을리 하지 않은 경우에는 그렇지 않다.

8) 몰수

침해죄에 해당하는 침해행위를 조성한 물건 또는 그 침해행위로부터 생긴 물건은 몰수하거나 피해자의 청구에 의하여 피해자에게 교부할 것을 선고하여야 한다.

9) 과태료

특허심판원에 대하여 거짓 진술을 한 자, 특허심판원으로부터 증거조사 또는 증거보전에 관하여 서류나 그 밖의 물건 제출 또는 제시의 명령을 받은 자로서 정당한 이유 없이 그 명령에 따르지 아니한 자, 특허심판원으로부터 증인, 감정인 또는 통역인으로 출석요구된 사람으로서 정당한 이유 없이 출석요구에 응하지 아니하거나 선서·진술·증언·감정 또는 통역을 거부한 자에 해당하는 자에게는 50만 원 이하의 과태료를 부과한다.

참고문헌

REFERENCES

■ 참고문헌

김원준, 산업재산권법, 도서출판 오래, 2012.

김원준, "한·미 FTA 반영 상표법 개정에 대한 고찰", 「법학논총」, 제32집 제3호, 2012년.

김원준, "진보성의 심사기준과 인용문헌의 조합에 관한 연구", 「산업재산권」, 제27호, 2008년.

김정완, 김원준, 지식재산권법, 제3판, 전남대학교출판부, 2013.

노태정·김병진, 디자인보호법, 세창출판사, 2009.

공경식, 이승훈, 코어디자인보호법, 제9판, (주)한빛지적소유권센터, 2012.

이해평, 황우택, 대법원·특허법원 디자인판결요지집Ⅶ, 특허심판원, 2011.

특허청, 디자인심사기준, 2013.

특허청, 2013년 특허제도 순회설명회 자료, 2013.

국회 산업통상자원위원회, "디자인보호법 전부개정법률안 심사보고서", 2013.

노태정, "2013년 디자인보호법 개정의 개요", 「특우회보」, 통호 41호. 2013.

특허청, 보도자료: 디자인권 존속기간은 평균 59개월, (2009.2.24).

특허청, 디자인보호법 전부개정 공청회 개최 자료: 2013. 10월 시행 을 목표로 디자인보호법 전부개정 추진, (2012.9.19).

법제처, "디자인보호법" 제·개정이유, <http://www.law.go.kr/LSW/lsInfoP.do?lsiSeq=140597&lsId=&efYd=20140701&chrClsCd=010202&urlMode=lsEfInfoR&viewCls=lsRvsDocInfoR#0000>.

법제처, 의장법 [시행 1998.3.1.] [법률 제5354호, 1997.8.22., 일부개정] 【제·개정이유】, <http://www.law.go.kr/LSW/lsInfoP.do?lsiSeq=8178&ancYd=19970822&ancNo=05354&efYd=19980301&nwJoYnInfo=N&efGubun=Y&chrClsCd=010202#0000>.

전광출, "2013 개정 디자인보호법의 주요내용과 실무상 유의점(2014.7.1.시행, 법률 제11848호)", 「특우회보」, 통호 40호 2013.

寒河江孝允, 峯唯夫, 金井重彦, 「意匠法コンメンタール<第2版>」, LexisNexis, 2012.

Kisana Shoichi, 國際知的財産法, 2009.

대법원 2010.5.13. 선고, 2008후2800 판결.

대법원 2008.12.24. 선고, 2006후1643 판결.

대법원 2009.1.30. 선고, 2007후4847 판결.

찾아보기

INDEX

■ 찾아보기

조재신

인하대학교 공과대학 학사, 석사
오사카대학원 공학박사
제22회 기술고등고시 합격
외교통상부 주일본 특허관
독일연방특허법원 연수
특허법원 제1기 기술심리관
특허청 심사관, 심판관, 고위공직자
변리사
변리사 시험위원
IPAT 지식재산능력 시험위원
현 전남대학교 교수(지식재산권 강의)

〈저서〉
특허소송실무
특허심판 대응전략
ELEMENTS OF UNITED STATES PATENT LAW(번역서)
정보 보호와 암호기술
인증 시스템
특허판례 백선 4판
창업을 대비하는 지식재산
창조경제, FTA 지식재산입문
지식재산의 이론과 실전

〈논문〉
한·미 FTA 관련 개정 특허법에 대한 고찰
특허권의 제문제점과 이에 대한 기독교적 접근
디자인보호법 물품구분표상 B군 의복 및 신변용품 분류체계 개선안
2014년 디자인보호법 전문개정 의의와 과제
한미 FTA 의약품 허가-특허 연계제도 도입으로 인한 관련법 개정 및 그 영향에 관한 고찰
전통지식유전자원에 대한 국제적 논의동향 및 저작권과 특허권에 의한 보호 전략 외 다수

송요순

연세대학교 화학공학과 학사
KAIST 화학공학과 석사, 박사
북해도대학 촉매연구소 교환교수
존홉킨스대학 화학공학과 교환교수
워싱턴대학 CASRIP 특허연수
전남대학교 지식재산 선도사업단장
한국지식재산교육연구학회장
전남대학교 교수 (지식재산 관련 3강좌 진행)

〈역·저서〉
이동조작
화공수치해법
화학반응공학
창업을 대비하는 지식재산
창조경제, FTA, 지식재산입문

〈지식재산 관련 논문〉
가치평가에 사용하는 수익접근법 방정식 파라미터 감도 분석
전통산업과 지식재산: 전라남도를 중심으로

新 디자인보호법

인 쇄 2016년 8월 20일
발 행 2016년 8월 25일

저 자 조재신·송요순
발행인 지병문
펴낸곳 전남대학교출판부
등 록 1981년 5월 21일 제53호
주 소 61186 광주광역시 북구 용봉로 77
임프린트 마로니에
전 화 062-530-0571~2
마케팅 062-530-0573
팩 스 062-530-0579
홈페이지 http://www.cnup.co.kr

가 격 15,000 원

ISBN 978-89-6849-339-3 (93500)

*마로니에는 전남대학교출판부의 임프린트입니다.

이 도서의 국립중앙도서관 출판시도서목록(CIP)은 서지정보유통지원시스템 홈페이지(http://seoji.nl.go.kr)와 국가자료공동목록시스템(http://www.nl.go.kr/kolisnet)에서 이용하실 수 있습니다. (CIP제어번호: CIP2016019981)